浆糊梦

张佳玮 著

北京联合出版公司
Beijing United Publishing Co.,Ltd.

图书在版编目（CIP）数据

浆糊梦 / 张佳玮著. —北京：北京联合出版公司，2019.11
ISBN 978-7-5596-3532-7

Ⅰ. ①浆… Ⅱ. ①张… Ⅲ. ①金庸（1924－2018）－侠义小说－小说研究 Ⅳ. ① I207.425

中国版本图书馆 CIP 数据核字（2019）第 175687 号

浆糊梦

作　　者：张佳玮
选题策划：北京凤凰壹力文化发展有限公司
责任编辑：肖　桓
特约编辑：肖　瑶
封面设计：张　凯
版式设计：Metis 灵动视线 TEL:010-85983452

北京联合出版公司出版
（北京市西城区德外大街 83 号楼 9 层　　100088）
三河市中晟雅豪印务有限公司　　新华书店经销
162 千字　　960 毫米 ×640 毫米　　1/16　　17 印张
2019 年 11 月第 1 版　　2019 年 11 月第 1 次印刷
ISBN 978-7-5596-3532-7
定价：32.80 元

序

金庸先生仙逝了。94岁。

我在巴塞罗那去斐格里斯（那地方有个达利博物馆）的火车上，知道了这消息，之后蒙了一阵子。几个地方让我写稿子，我说，一时写不出来。

一路只看着手机上，不停地弹各种app的推送，“武侠小说泰斗”一连串地出来。

我稍微有些不满。

金庸先生过世了。此时出来贴的称谓算是盖棺论定。“武侠小说泰斗”，我觉得这说法实在窄了些。

王小波以前说，卡尔维诺那些小说就是小说，不必特意贴个历史小说的标签。同理，《鹿鼎记》《天龙八部》《笑傲江湖》这些，本身就是杰出的小说，已无必要特意贴个“武侠小说”的标签。熟悉金庸与《明报》的都知道，他的影响，又不止小说了。

我一直反复念叨：金庸先生的技法，是真正的包罗万象。纯讲传奇故事的技法，金庸先生是集合了二十世纪之前，中西文学的巅峰了。中国古典小说那些套路和十九世纪西方通俗小说的叙述，他都用到炉火纯青了。

论文笔，则金庸先生的文风，尤其是修订版，是故意向旧小说方向靠的：为了避免翻译腔。这是在汉语读者能接受的情况下，最为简洁通俗的写法。

《飞狐外传》后记里他说：

> 这部小说的文字风格，比较远离中国旧小说的传统，现在并没有改回来，但有两种情形是改了的：
>
> 第一，对话中删除了含有现代气息的字眼和观念，人物的内心语言也是如此。第二，改写了太新文艺腔的、类似外国语文法的句子。

有十分力，使一分；不煽情不废话，只顾描写动作与场景。当然，要煽情时，就能煽到你哭起来，但那是偶尔为之了。于是举重若轻，行云流水，场景自然动人。这种精确节制，造诣之高，四个字：沉得住气。

所以，是的，从技法到成就、到厚度、到人物，现在华人世界论影响与产出，如果还有人当得起“文豪”二字，也就是他了。

即我们失去了自己的大仲马与巴尔扎克，莎士比亚与狄更斯；失去了可能有史以来，影响中文读者最多的人。

当然，我估计大多数读者，也不是从这个角度想的——实际上，如上所述，因为沉得住气，所以金庸的许多技法甚至不显。所以爱他的读者多，真把他供起来的少。

读者们接受的，更多是故事，是人物。

或者说，一个我们久已熟悉了的“金庸宇宙”。

沈从文先生说小说立人物为先。的确。我们提到伟大作品，总是先记起典型人物。

中国小说里，堪称典型的人物：贾宝玉、林黛玉、薛宝钗、晴雯等诸位《红楼梦》中的；诸葛亮、曹操、关羽所谓《三国演义》的三绝；西游路上的师徒四人；武松、鲁智深、林冲、宋江等。

关于典型人物的意义，举个例子：虽然《水浒传》里卢俊义的戏份重得多，但人们印象里的潘金莲、西门庆和王婆更加栩栩如生。这就是所谓“人物立起来了”。

作品的细节都是死忠爱好者在抠，而我们会记住人物，都是因为典型时刻的典型性格。所以我们这代人还会记住王二、陈清扬、红拂、许三观、福贵，记住范柳原、白流苏、骆驼祥子、翠翠与二老，记住孔乙己和阿 Q。

而说到金庸，我们会自然而然地报出一堆人、一堆戏码与一堆梗。段誉、萧峰、虚竹，郭靖、黄蓉，东邪、西毒、南帝、北丐、中神通，杨过、小龙女，程英、陆无双，张无忌、赵敏、周芷若、小昭，令狐冲、任盈盈、左冷禅、任我行、岳不群、林平之……

在聊天交流时，这些仿佛是共通的密码，不需要多解释。

这种“不需要解释，报出来就可以了”恰好证明，我们都身处在金庸宇宙里而不自知。

金庸先生自己很得意过一下子，《笑傲江湖》后记里有言：

> 《笑傲江湖》在《明报》连载之时，西贡的中文报、越文报和法文报有二十一家同时连载。南越国会中辩论之时，常有议员指责对方是“岳不群”或“左冷禅”。

什么叫深入人心呢？这就是了。

这种深入人心，让我学到了些东西。我初读金庸时年纪还小，许多词都是从这里学来的。比如说，上文提到的泰斗这个词，是《书剑恩仇录》里大家描述周仲英老英雄的。举重若轻这个词，我是从《天龙八部》里小镜湖段正淳大战段延庆时学来的。造诣这个词，我是看《射雕英雄传》里丘处机大战江南七怪时学来的——一开始我还念成“造纸”呢。

但还有另一重意义。

我和几个朋友聊过，结论是，我们一直念叨为国为民侠之大者，而这个概念不是从古书里学的，而是打郭靖那里学来的。我们一直念叨自利反钝大巧不工，这个概念不是从古书里学来的，是从独孤求败那里学来的。我们一直念叨清虚无为自由自在，这个概念不是从古书里学来的，是从令狐冲那里学来的。

就像《庄子》是通过寓言讲道理似的；许多道理，我是不知不觉从金庸小说里学来的——嗯，就像《庄子》庖丁解牛游刃有余的道理，我还是从《书剑恩仇录》里学的；道家空无的境界，是因为看了周伯通跟郭靖说的:“这饭碗是空的才能装饭，若是一块实心的瓷土，有什么用？”这才领悟。

萧峰的豪迈，郭靖的持重，杨过的至情至性，胡斐的任侠好义，令狐冲的自由自在。也许因为从小读惯了这些，对这些英雄人物生了自然而然的向慕吧？

就像我认识一个编辑，是个姑娘，说她平生打拼过来，全靠一句话撑着：赵敏对范遥那句“我偏要勉强”。

作者是可以影响到读者，使他们集体人格内化的。

罗大佑说你听一首歌3分钟，你的人生就被改变了3分钟。

而我们现在经历的人生，也基本可以说，是被金庸小说改变过了的人生。说金庸小说多少影响了我们这一代读者的性格——比如让我们更向慕英雄，但也更“中二”了——并不太过。

而他的小说，大概也是极少数在任何华人地区都通行无阻的作品了。

至于了解到他本人的身世，琢磨他小说里每个细节对应着什么，察觉他在写作这些小说到修订完成近三十年间，对世事态度的渐次变化，那太复杂了，这里也不适合多提。

我们读小说的，还是将事情先留在小说里吧。

所以我没事爱写金庸小说里五花八门的东西，从饮食打架写到名字回目，只因每次写，都仿佛是种重读和复习，是在重新闲逛金庸宇宙。

就像喜欢没事聊金庸小说的诸位。

但第一次读的体验，我还记得，那是20世纪90年代初。我当时手头有《书剑恩仇录》上卷，没有下卷；《鹿鼎记》只有前四卷，没有第五卷；《射雕英雄传》从洪七公中毒受伤后，后半本消失了；《天龙八部》没有第二卷，所以看着段誉被鸠摩智捉走，忽然第三卷主角变成乔峰与阿朱，觉得莫名其妙。

嗯，扯远了。

94岁，按说算喜丧。人生七十古来稀。无崖子九十三岁，童姥九十六岁。

论作品，到1972年金庸先生封笔，后修订完出三联版。至少我是不再指望他出啥新作品的了，也没指望他给《雪山飞狐》来个结尾，告诉我们胡斐那一刀是否劈了下去。

为什么我们会这么难过？

因为某种程度上，我的阅读习惯、爱好甚至性格的某些侧面，是金庸作品塑造的；某种程度上，金庸宇宙是我们的快乐来源，随时可以回去跟所有老熟人打招呼。某种程度上，我们都是被金庸先生小说潜移默化过的徒子徒孙。

所以对金庸先生的感情，不是指望他再来个新版啥的，而是，希望他健康长寿，纯粹是出于感激，希望写出此等作品、给予我们如此美好体验的人可以仙福永享。

所以他逝去了，倒不是“啊从此没得读了”，毕竟修订版十五部已经屹立垂四十年。所以更多是觉得可惜：“本希望他多享几年清福的呀！”

以及，“我们自己的一部分，永远消失了”。

2014 年加西亚·马尔克斯逝世时，我这么念叨过：

> 我们有生之年，第一次经历这种“超级大师活在我们的时代”到“超级大师逝世了”。就像 1910 年世界人民知道托尔斯泰过去了那种感受。这种感觉就像是：只要马尔克斯活着，哪怕他不再写小说了，你总觉得还有个念想；他过去了，一部分经验就真的成历史了。
>
> 说句不太吉利的：如果有朝一日，金庸先生也解脱尘俗了，我大概也会有这种感觉。

虽然许多人的逝去结束了许多个时代，虽然对我而言，十五部三联版之后就满足了，但金庸先生逝世，依然是，对我这代人真正的，一个时代逝去了。

世人身处无常里，却又不解无常。这大概就是我们的习惯：每次回去重读金庸小说，甚至希望回到从未读过他小说的过程，想重新开始，归根结底，都是希望什么都不要变，保持原样。

“给我们构建了这样一个世界的人，多希望他能继续好好地活着，就像暗示我们，少年时刚读他作品的我们都还在呢；而现在，他逝去了，我们的一部分也永远消失了。”

《飞狐外传》结尾，袁紫衣离去了。《雪山飞狐》结尾，必有一个人会死。《连城诀》结尾，狄云离开了尘世回到雪谷。《天龙八部》结尾，段誉等悄然离开。《射雕英雄传》结尾，郭靖和黄蓉作别了成吉思汗。《白马啸西风》结尾，李文秀离开了大漠回到中原。《鹿鼎记》结尾，韦爵爷飘然出世享福去了。《笑傲江湖》结尾，莫大先生一曲《凤求凰》赠送令狐冲后飘然而去。《书剑恩仇录》结尾，陈家洛等举众西去。《神雕侠侣》结尾，杨过在华山顶上告别了所有人，郭襄眼泪涌出。《侠客行》结尾是个我们知道谜底的谜题。《倚天屠龙记》结尾，张无忌退出了江湖。《碧血剑》结尾，袁承志带大家去了海外。《鸳鸯刀》结尾是个玩笑。《越女剑》结尾，西子捧心，而范蠡正要带她走。

大多数的过程，都慷慨豪迈；大多数的结尾，都是离别与退出。

譬如陆无双与程英看白云聚散，人世离合；譬如扫地僧说

“尽归尘土，消于无形”。譬如小昭唱给张无忌听:“到头这一身，难逃那一日。受用了一朝，一朝便宜。百岁光阴，七十者稀。急急流年，滔滔逝水。”

《天龙八部》里，玄痛大师圆寂，徒弟们还不解，玄难说道：

“玄痛师弟参悟真如，往生极乐，乃是成了正果，尔辈须得欢喜才是。”

当年《天龙八部》结尾，段誉看着慕容复，想到“各有各的缘法，安知他自己不是平安喜乐”。如今他老人家去了，也算是解脱。

这么想想，也好。

您看，连我们悼念他的宽解之词，都是他教我们的。

目　录

序

金书里的浩瀚雄奇

风流人物

恩怨情仇 / 金戈铁马

金书里的浩瀚雄奇

《鹿鼎记》：一个时代的结尾

在《鹿鼎记》之前，金庸写了无数武侠小说，给出了无数定律，诸如“无欲则刚加勤奋朴实才能天下无敌”（郭靖）、“反清复明是为正统”（红花会诸好汉们）、“至情至性从一而终才能收获爱情”（杨过与小龙女）、“不羁隐士击败野心家”（令狐冲）、“天意成全温善仁厚没有野心的好孩子”（段誉、虚竹、石破天）、“有情皆孽众生皆苦”（《天龙八部》），制造了一个浩瀚雄奇的武侠世界。

忽然之间，他写了一个狡猾的、无赖的、惫懒的、满嘴脏话的、偷懒的、好色的、滑稽的、没半句真话的、讨了大堆老婆的小流氓的不朽历史。

等于是，一个骑士小说家独自创造了骑士小说传统，然后，自己用一个堂吉诃德，推翻了自己设定的世界。

而且：

这个小流氓，恰好处于中国历史上最矛盾的时代——《鹿鼎记》里充满了汉人与满人的矛盾、汉人之间的矛盾（吴三桂、台湾郑家、天地会等无数势力的对决）、中国与外国的矛盾（中国与俄罗斯）、江湖帮会之间的矛盾。里头出现的人物，用阿九的话说是“这小小禅房之中，聚会了一个古往今来第一大反贼（李自成），一个古往今来第一大汉奸（吴三桂）”，韦小宝接茬“古往今来第一大美人（陈圆圆）”，加上康熙、鳌拜、顺治、施琅、索额图、郑经、陈永华，甚至俄罗斯苏菲亚公主、噶尔丹。

无限多的矛盾，无限多的历史人物，无限复杂的关系，而韦小宝，一个基本不太会武功的小流氓，就穿梭于天地会、清朝宫廷、俄罗斯宫廷、神龙教这无数地方之间，处处左右逢源，靠的就是各种小狡猾伎俩。

又而且：

这个小流氓的另一面，是康熙。整部《鹿鼎记》，其实以康熙平鳌拜开始，通过演绎康熙平三藩、平台湾、打平雅克萨，描述了康熙——姑且不论历史上实际如何——雄才大略的一面。

金庸以一部完全违反自己传统但是又最好看不过的小说，以他最熟练最自如的笔调（金庸小说里文笔之随意从容，能和《鹿鼎记》媲美的，只有《天龙八部》），推翻了自己所亲手制造的武侠世界及其惯有逻辑，从形式和内容上，完成了对自己所有作品——也是武侠史上最伟大的一批作品——的回溯和检讨，而且还顺便描述了康熙一朝大事，讨论了满汉矛盾这么大的一个主题。仅论小说，说这是金庸最好的小说，乃至武侠史上的《堂吉诃德》，毫不为过。

当然，也未必全是喜剧。

金庸第一部武侠小说——《书剑恩仇录》，主角是红花会总舵主陈家洛：宰相公子，江湖老大，意图借助乾隆的汉人血统，劝励他反清复明。经过一场血与火的征战，丧了自己的爱人香香公主，没能扳倒清廷，失败了。

金庸的最后一部武侠小说，或者说，反武侠小说——《鹿鼎记》，主角是个扬州痞子韦小宝。他精神上的父亲，是天地会总舵主陈近南。英雄豪杰，一意要反清复明。结果，倒在了自己人的剑下，死去了。

你说这巧合不是金庸故意的，我都不信。

在小说里，陈近南和顾炎武、黄宗羲们类似，都是反清复明的遗老，逆天而行，悲壮而执着。但陈近南在书里，必须一再平衡和沐王府的恩怨、和台湾的恩怨、和各路反清团体的恩怨，他是真的太累了。金庸以描写一个陈家洛式的侠为开始，以描述陈近南这样的侠为结束，无非在说：

陈近南一死，反清复明的、忠于旧时代的、意图以一己之力逆时而行的侠们，也结束了。韦小宝和康熙属于后一个，更现实、更聪明的时代。

韦小宝在《鹿鼎记》最后一回问顾炎武们：明朝皇帝好不

好？有没有康熙好？如果没有，为什么要反清复明？他又回去问他妈妈，自己爹爹究竟是哪个族，他妈妈也说不清。这种滑稽玩世的态度，其实是金庸给出的另一个答案，更圆通，但可能更现实。陈近南始终以奉正朔为念，但韦小宝比他看得更开。

所以，陈近南的死很悲哀，但也许是唯一合理的结局。他是旧时代的人了，又过于执着。他结束了，反清复明的、黑白分明的、侠的时代，也就结束了。

《鸳鸯刀》：最后的英雄童话

《鸳鸯刀》是一本迷你版《鹿鼎记》。

《鹿鼎记》，1970 年写的，是金庸给自己，也是给传统武侠写的一本《堂吉诃德》，自嘲，调侃，解构，怀疑，结束。

《鸳鸯刀》，1961 年写的，是金庸前期小说的一个总结性解构。

最著名的角色，莫过于周威信镖头，没事一句“江湖上有言道”挂在嘴上，然而屡屡吃瘪。这个周镖头的境遇就像个典型的金庸读者——已经习惯了江湖规则，出来闯世界；发现往往事与愿违——“这个跟我们想的不一样啊”！

太岳四侠，看上去人人是高手，尤其是不动声色的大哥逍遥子，打起来惨不忍睹。

盖一鸣口才最好，却和周威信一样，爱用重复找笑料，随时都“大哥言之有理”，都是歪理。

这里有些片段，很有江南七怪的味道。

男女主角萧中慧和袁冠南，其实很有《书剑恩仇录》中李沅芷和余鱼同的感觉，脾气都一样。

林玉龙与任飞燕那对吵架夫妇，偏偏会“夫妻刀法”，这里明显是暗指《神雕侠侣》里需要搭档的玉女素心剑。

袁冠南用笔墨做武器耍帅，是陈家洛和朱子柳的作风——结果差点折了。

萧中慧和袁冠南差点成了兄妹，惨烈的伦理剧；结果因为萧中慧的父亲、当今第一高手是个太监，一下子拆解成喜剧了。

鸳鸯刀这对兵器，是《书剑恩仇录》里骆冰用的兵器。

大反派卓天雄，最后是被太岳四侠捡了现成便宜，捉回来的。

最后，所谓“无敌于天下”的秘密，不过是“仁者无敌”的四字口号。让人哑然。

《鸳鸯刀》的妙处在于，如果你单是当一本小说读，会觉得，好玩，但是不是太油滑？

但当你读熟了金庸，再读这本，会觉得处处出人意料，处处都在玩哏，处处都在反转。读完《鸳鸯刀》，再去读《书剑恩仇录》，会觉得金庸真舍得玩自己……

就是这意思。

更大一点，是这样的。

金庸其他的作品：

《书剑恩仇录》，反清复明；《碧血剑》，明末遗恨；《射雕英雄传》和《神雕侠侣》，国仇家恨与个人成长;《雪山飞狐》和《飞狐外传》，英雄传记。大致上，陈家洛、袁承志、郭靖、杨过、胡斐，都还是国仇家恨，热血男儿的脾气。

而《鸳鸯刀》，为上面这一段做结。

之后：

《白马啸西风》，边塞故事。《倚天屠龙记》，张无忌的温吞仁厚。《连城诀》，狄云目睹的世间龌龊。《天龙八部》，众生皆苦。《侠客行》，几乎是童话作品了。《笑傲江湖》，政治寓言。《鹿鼎记》，不提了。

《鸳鸯刀》的调侃，结束了一段纯粹热血英雄的年代，开始了一段内心挣扎的年代。

《鸳鸯刀》之后，纯粹的英雄主角，只有萧峰了。还是个大悲剧。

所以《鸳鸯刀》用一段极致的、调侃的、脸谱化的笑剧，结束了一段坚定不移的英雄史诗年代。

就此开启了金庸作品带有怀疑色彩的、世界观更加复杂的后半段。

感觉就像金庸用《鸳鸯刀》跟读者这么说：

“我最后讲一个笑话哈，然后，英雄童话就讲完了，欢迎来到成年人的世界。”

八部众

天龙八部，分别对应八部众里的谁？

我第一次知道八部众，还真不是《天龙八部》。《西游记》末尾，论功行赏，唐僧旃檀功德佛，孙大圣斗战胜佛，威风都挺大；到猪八戒净坛使者，就是吃剩饭的，降了一级；沙僧是金身罗汉。小白龙呢？嗯，八部天龙。

所以后来我看《天龙八部》，第一反应：这是讲小白龙西游取经之后的故事吗？

八部众，我们现在知道了。一天二龙三夜叉，四乾闼婆五阿修罗，六紧那罗七迦楼罗八摩呼罗迦。我猜前两个地位尊崇些，便意译；后几个基本是音译，因此读来有些拗口。从名字上也显出等级差别，不提。

一天，乃是天众、天神，《天龙八部》里，约等于萧峰。天众按读音，是提婆族的意思。所谓吉祥天、帝释天、大梵天，都是提婆族的高官。当然，也有几位混得比较凄惨，但博大家一个耳熟能详：多闻天、持国天、增长天、广目天，后面加一个“王”字，就是南天门前凑麻将的四位，孙悟空出来进去，他们也不太敢管，只好满面堆笑：大圣又来啦？

当然提婆族也得死，得跌入轮回。所谓“天人五衰”，神也逃不出去。有种说法：帝释天面临五衰时，被投入毛驴腹中，按道理，下辈子得变成食草动物。

堂堂诸天第一领袖，要真成了驴子，如何是好？亏之前走后门求过佛陀。佛陀帮忙，母驴突然发狂，打破主人家物事，被主人发怒鞭挞，伤及胎儿，帝释天才逃过一劫。

这人工流产的解决办法，好像也不太体面。不过对比希腊那边宙斯为了勾搭女人，一会儿变鹅，一会儿变牛，帝释天还算端正了。

龙（Naga），也是意译，在印度当地，其实最初典，该是指印度眼镜蛇。这里又是亏翻译得好：天龙八部头两位，意译成一天二龙，比起一提婆二眼镜蛇，感觉差了好多。提婆译成天族，大蛇译成龙，算是天龙八部八部众的一个重要训示。假设这两个翻译得差了点，我们听见的八部众，就不是天龙八部，而是提婆蛇八部了——在我看来，就不那么酷了。

《天龙八部》里，龙应该指段誉。多说一句，段誉的扮相，我觉得，还是林志颖演的最佳。

说起来，西方龙是长翅膀的喷火怪物，印度龙本源是大蛇，跟中国这样的鹿角鹰爪鱼鳞负责下雨的长龙，确实不同。

夜叉在中国故事里很瘆人，仿佛恶鬼，但本意其实挺好的。半神，爱吃鬼。男夜叉不好看，女夜叉其实很美。母夜叉其实可以用来夸女人美貌才对。《天龙八部》里，男夜叉应该是虚竹，书里都明说他不好看了；女夜叉则是钟灵的母亲，俏药叉甘宝宝。

按本意，夜叉该是个好东西，又负责吃鬼，女的还好看。可惜在国内，夜叉被糟践得不轻。男夜叉要被哪吒这个洗海澡的官二代揍。母夜叉明明很美，却要去形容孙二娘这类泼辣凶残的阿姨。

和小姐、奇葩一样，好好的词，毁了。

乾闼婆是音乐神，不吃酒肉，只寻香气。这么一看，《天龙八部》里遍体香气的木婉清该是乾闼婆了吧？然而乾闼婆是地道的男神。又因为香气与音乐缥缈不定，梵语把海市蜃楼也挂上他的名字。天龙八部里，大概也和阿朱有关——人家会易容术嘛。

多说一句：乾闼婆的老婆，比乾闼婆自己还有名，就是飞天女神。飞天奖的飞天，敦煌壁画的飞天。从这个角度讲，乾闼婆大概算八部众里生活最文艺的：吃香气，奏音乐，有个老婆会飞天舞。妙哉。

阿修罗和提婆族，是同一个祖先，一般被说成明暗两面。金庸先生很为这个着墨写过，说阿修罗脾气暴躁，又横，愿意跟提婆族也就是天族打架。每次打起来惨烈非常，所以又叫修罗场。许多游戏，最后有个修罗难度，就是这么杀法。

一般说法，阿修罗应该对应慕容复，但阿修罗好嫉妒，爱跟人叫板，“老子不信你的邪”，其实还有点儿包不同和钟灵她爸爸钟万仇的意思。当然，鉴于阿修罗男的丑女的美，段正淳那几位爱吃醋的夫人，比如秦红棉和王语嫣她妈，也有点儿阿修罗的劲儿。

我听过一种说法，不知真假，说是天族和阿修罗对打的重要源头，是因为天族有美食而无美女，阿修罗有美女而无美食。我觉得按这个逻辑，天族虽然享受极大的福报，但似乎艳福不太多；阿修罗族缺的主要是口福。天族和阿修罗族的仇恨，颇有点儿富二代仗着阔气，抢穷人家美女老婆的意思——当然这个不能细想，一想就容易歪了。

迦楼罗极为有名，就是大鹏金翅鸟。大鹏一生爱吃龙，跟龙族是死敌，体内积累毒气，最后毒发自焚。《天龙八部》里，这明摆着就是鸠摩智，每天跟段誉为难，练了太多武功，临了内气冲撞，自己给废了。

《西游记》里，大鹏鸟算是孙悟空遇到过最牛的妖怪之一，飞行速度追得上筋斗云，还需要如来出面收服，论辈分还是如来的舅舅，了不起。

大鹏其实是个隐藏吃货，除了吃龙，还吃金银琉璃等物，最重要的是，自带调理功能，都能消化。五界众生，他也吃。

但他吃这些，还真不是作恶。他吃的众生，都是善根成熟，只是被肉身所累；大鹏过来吃了皮囊，人家就解脱了。

我觉得这心态不错，以后我吃猪肉前，也可以幻想自己是金翅大鹏，“这头猪先生，你这一生辛苦，我吃了你，让你得脱形骸，回归虚空，转世去好处，当天蓬元帅吧”。然后吃完了事，还修了功德。

紧那罗有许多形态：人头马身、马头人身、人头鸟身、鸟头人身，一般在东南亚寺庙里，上半身是人，下半身是鸟，可以和希腊的人头马去沟通沟通。比较好认的是他额上有角。

摩呼罗迦人身蛇头，应该是对应安了铁头后的游坦之了。值得一提的是，摩呼罗迦这个意象，和阿修罗一样，许多歌词作者都爱用。比如，张曼玉和王祖贤那部《青蛇》，其中妖冶迷人的一段南亚风舞曲，也就是片尾曲那首歌，就叫作《摩呼罗迦》。

中国也有人蛇合一的，那就是人头蛇身的女娲娘娘，以及女娲族后裔赵灵儿了。赵灵儿遇到摩呼罗迦，一定会彼此问：

“哎，话说，天生蛇头是什么体验？”

“你呢？天生人头什么体验？”

八部众是挺热闹的一群半神，神话里，他们会一起出动去听法，半天上压得黑乎乎，感觉像前排刷座位的那种。前年夏天，我去一处寺庙，有位师父带我们看诸位护法雕像。有些护法神慈眉善目，就地坐着；有些护法神就张牙舞爪，凶猛得多。

然而师父说道，八部众虽然看着吓人，但金刚怒目，主要是摆样子震慑邪魔外道用的，本身对人无害，不必惧怕。

同去的一位长辈就很认真地问：

那么八部众听法护法，能不能喝酒吃肉呢？

真羡慕从未读过金庸的人

金庸先生，94 岁了。

他写完《鹿鼎记》的最后一行，让韦爵爷微笑着归隐江湖，也就此封闭了他的江湖，至今也已经四十六年了——而他写那十五部，也就用了十八年光景。

我的希望？

嗯，他老人家敞开了活，仙福永享寿与天齐，张三丰那个寿数只是个起始点。

然后……但愿我可以回到一种“从来没读过金庸小说”的状态去。

如此，好重新开始，从头读。

按说，生书熟戏，听不腻的曲艺，书是陌生的好。但金庸先生的书，很耐重读。耐重读的书，都如五香豆腐干，有味，耐嚼。书页当然没法扯来吃了，于是耐嚼就体现在尺寸与劲头上。

读金庸熟了之后，每次重读，都像是孩子上游乐园，可以径直去找自己喜欢的段落。因为已经没有悬念，没有紧张，只剩读那一段儿的愉快了。

有朋友喜读情情爱爱的段落，看见张翠山与殷素素、张无忌与赵敏的纠葛就来劲；有朋友喜读男儿慷慨的段落，捧着胡一刀大战苗人凤便不撒手；爱读豪气干云的，翻到乔峰去聚贤庄就血脉偾张；爱读金戈铁马的，会死读成吉思汗与帐下诸将那些句子。

我甚至有朋友专爱看桃谷六仙扯皮，还一本正经跟我说：

“别看他们说的都是胡扯，就是好看，逻辑上还真不易驳倒，跟说相声似的……”

我自己无聊起来，爱重读《书剑恩仇录》里乾隆自命风流去嫖玉如意，被红花会捉了;《鹿鼎记》里一干大员官场酬酢，从韦小宝韦爵爷视角看来，格外搞笑。那是金庸先生戏笔调侃最好玩的所在。

偶尔也和朋友们聊，为什么无聊起来，就会想重读金庸的书。大概结论是：好看，这是其一。看久了，悲情的部分也不悲情了。于是只剩下一个虚拟的世界，仿佛古代人看山水画而向慕生活在其中似的。我们这些重读党，每次重读，都像是找一个任意门，重新回到金庸的武侠世界。萧大侠死在雁门关了吗？没关系，我们还是可以去无锡松鹤楼，看他和段誉斗酒；洪七公和欧阳锋拥抱着死在华山了吗？不要紧，我们可以立刻回到他和郭靖黄蓉初次见面时，去问黄蓉要鸡屁股吃，还吃了“二十四桥明月夜”“玉笛谁家听落梅”……

那是个很鲜活，很扎实，又安全的世界。这就够了。

我个人喜欢的重读顺序：《书剑恩仇录》，看个热闹。《飞狐外传》，顺手接着书剑。《雪山飞狐》，这样把乾隆年间三部曲算是看完了。《鸳鸯刀》，看之前三部大的，太憋屈了，看看《鸳鸯刀》散散心解解屈。《碧血剑》，热热身。《袁崇焕评传》，顺手看完。《连城诀》，紧紧情绪。《射雕英雄传》，舒舒服服看最肥而不腻的故事。《神雕侠侣》，比《射雕英雄传》憋屈，也紧，但能看看。《倚天屠龙记》，勉强算大团圆，也收个尾。《白马啸西风》，看完三部曲，拿这个散散心。《侠客行》，上部结尾有点儿哀怨，看这部欢乐一下。《笑傲江湖》，清逸飘洒。《天龙八部》，雄浑诡谲。《鹿鼎记》，举重若轻看完，收尾。《越女剑》，迅速读完，当最后甜点。

但真正的乐趣，还不在于重读。

回想起来，我读金庸小说，都是很久以前了——我大概小学五年级就读完十五部了吧。那时我读书经验不丰富，于是：

我第一次读《书剑恩仇录》，初时只以为主角是李沅芷，直到陈家洛出场，才发现气氛为之一变，觉得女主角是霍青桐；救出文泰来后，江南事了，以为大事已定；不料后半部分，陈家洛在大漠之上遇到香香公主，小说氛围立刻又天翻地覆，终于迷城玉峰之类情节齐出，真是弄雨翻云。

我第一次读《射雕英雄传》，初见江南七怪与丘处机，以为天下高手；又出来黑风双煞，只觉一山还比一山高；看着郭靖练全真内功，学降龙十八掌，一点点变强；然而之后，东邪西毒，五绝纷起，真是另有高处比天高。等小说结尾，欧阳锋发疯，英雄束手，而成吉思汗扬鞭草原，问郭靖自己算不算英雄时，忽然就觉得先前自己并没真读懂这本书。

我第一次读《鹿鼎记》，先以为韦爵爷会与其他少年英杰一样成才，后来发现不对：康熙擒鳌拜、韦爵爷招惹吴三桂、李自成与陈圆圆、桑结与噶尔丹，终于韦爵爷去了莫斯科，辅佐苏菲亚公主搞政变，再后来平三藩、定台湾，韦爵爷亲自定了雅克萨之战后的条约。这诸般滑稽，眼花缭乱，全然出于意表。

我第一次读《天龙八部》，到发现木婉清与钟灵是段誉妹妹为一变，到萧峰痛知身世又一变，到虚竹出场成为第三主角又一变。终于少林寺前，燕云十八骑尘烟飞舞，西夏宫中，一语而定梦郎梦姑。茶花影里，刀白凤告诉段誉，“那些其实不是你的妹妹”。情孽纠缠，飞短流长。

是的，回想起来，第一次读时，还来不及去体会深文奥义，只讲究看故事的时候，才是最动人的体验，一曲一折，跌宕起伏。

很可惜，除非失忆，我很难回到“从来没读过金庸”的阶段了。这种一次性的美妙快感，结束了。

跟过连载的人一定知道，单行本读起来很美妙，但追连载过程中那种心情，又截然不同。

我们这个时代的人，读到的多是金庸的单行本。那时尘埃落定，甚至修订完了。而二十世纪五十年代至七十年代，香港的读者们，却可以读连载。当然很难熬，不如读单行本快慰。而且连载版本与我们现在读的，多有不同。比如，连载版本中，杨康招惹的有穆念慈与秦南琴两个女子，张无忌身边常伴一只火猴，王语嫣最初叫王玉燕等。但稍微想象一下好了——

1958 年的夏天，香港市民在喝茶讨论：“哎呀，洪七公被欧阳锋打了一掌，会不会就这样死掉啊？”“周伯通跳海了，是不是被鲨鱼吃了啊？”

1961 年的夏天，香港市民买到了一份《明报》：“我要看看小龙女到底死了没有！”

1962 年的夏天，《明报》的读者纷纷念叨：“这个周芷若看来一定是女主角了，可是赵明（赵敏）又是个谁？”

1965 年初，《南洋商报》的读者感叹：“这个阿紫也是段誉的妹妹！怎么那么多妹妹！”

…………

金庸先生写过，他当年一般一天写一千字。想象起来，幸而当时没有网络，不然，香港与东南亚人民，一定要一边催更新，一边嚷嚷：“我喜欢的主角不要死！”

是不是想起来就很有趣？

这种去买一份《明报》，看一期更新，然后继续等着的生活；这种十八年里，这么等着盼着，翻完十五部的生活，想起来，是挺幸福的。

将军百战身名裂，向河梁，回头万里，故人长绝。易水萧萧西风冷，满座衣冠似雪。正壮士悲歌未彻。啼鸟还知如许恨，料不啼清泪长啼血。谁共我，醉明月？

这首气宇轩昂志行磊落的“贺新郎”词，是南宋爱国诗人辛弃疾的作品。一个精神矍铄的老者，骑在马上，满怀感慨地低低哼着这词。

这老者已年近六十，须眉皆白，可是神光内蕴，精神充沛，骑在马上一点不见龙钟老态。他回首四望，只见夜色渐合，长长的塞外古道上除他们一大队骡马人伙之外，只有阵阵归鸦，听不见其他声音，老者马鞭一挥，纵骑追上前面的骡车，由于满腹故国之思，意兴十分阑珊。

整整六十三年零一个月前，当香港读者在《新晚报》上读到金庸先生这段文字时，会想到那是一个传奇的开始吗？

我真的很想穿越回那个年份，重回到“从没读过金庸小说”的阶段，重新再尝试一次那种，从头开始一曲一折、跌宕起伏的感觉。

当然，穿越回去，剧透给那些惴惴不安又幸福地追连载看的香港人民，大吼道：

“小龙女没死！”

“段延庆才是段誉的爸爸！”

“霍青桐不是女主角！后面还有个香香公主呢！”

“袁紫衣是个尼姑！”

“阿珂是陈圆圆的女儿！”

“杨不悔不是女主角！你们不要看她跟张无忌青梅竹马就瞎想！”

——哇，那想起来得多过瘾啊！

江湖滋味

金庸有一个妙处：武功风格，彰显人物性格。比如洪七公刚正侠义，用的便是阳刚简朴的降龙十八掌；黄药师聪慧绝伦，便自创了华丽斑斓的落英神剑掌。令狐冲性子潇洒，便独孤九剑无招胜有招；黑白子性格阴鸷，便用了滴水成冰的玄天指。

武功体现人格。吃的东西，亦然。

郭靖与黄蓉张家口那次传奇初见，吃掉十九两银子，也可见各自风致。郭靖傻不愣登，张口就要一斤牛肉，半斤羊肝——现在男生请姑娘吃东西，张嘴就要这个，那就没有然后了。妙在这点菜风格，也大合郭靖后来终其一生的朴实刚直。黄蓉立刻给点了一串，连点菜都是她黄家家传、落英缤纷的风格，道是：

……四干果、四鲜果、两咸酸、四蜜饯……干果四样是荔枝、桂圆、蒸枣、银杏。鲜果你拣时新的。咸酸要砌香樱桃和姜丝梅儿……蜜饯吗？就是玫瑰金橘、香药葡萄、糖霜桃条、梨肉好郎君……八个酒菜是花炊鹌子、炒鸭掌、鸡舌羹、鹿肚酿江瑶、鸳鸯煎牛筋、菊花兔丝、爆獐腿、姜醋金银蹄子……

这些菜各有出处，多是来自宋朝笔记小说里的记载。宋朝饮食重果品，《水浒传》里就有安排果品下酒之说。黄蓉在鲜果上不挑剔，也是因为张家口在北方。姜醋金银蹄子这菜，跟《红楼梦》里赵嬷嬷吃的火腿炖肘子感觉是一路，取腌香与肥厚吧。

小二听得咋舌，还被黄蓉训得点头哈腰，是为一快。话说，金庸很爱安排巧嘴姑娘对付饶舌店小二。阿朱阿紫姐妹都曾经拿店小二开涮。阿紫风雪之夜，为了逗店小二，还强行点菜：红烧牛肉、酒糟鲤鱼、白切羊羔……

听来确实符合荒村野店的风格。妙在阿紫并不真吃，倒寻衅拿牛肉来擦皮靴。那一句说牛肉的油脂涂到靴帮上，顿时光可鉴人。

我读着，觉得这红烧牛肉估计真的肥厚好吃，很接地气呢。

令狐冲带领群雄去少林寺救任盈盈之前，先去吃了份豆皮——豆皮脆糯好吃，又挺家常，很合令狐冲身份。如果让令狐冲去吃四干果四鲜果摆一桌，不大对劲。

韦小宝给鳌拜下药，是下在囚饭的猪肉白菜里。这个菜颇有道理：满人历史上喜吃猪肉。乾清宫侍卫们轮班，就进克食——也就是白切肉。慈禧爱吃炸响铃——烤乳猪煎得脆了，起下了皮，蘸椒盐，真好。

还是《鹿鼎记》里，有过一段很细的描写。韦小宝想哄云南来的小郡主沐剑屏吃饭，也是弄了过桥米线、蜜饯莲子煮的宣威火腿、云南黑色大头菜、大理洱海的工鱼干，这些才贴点儿地气。当时厨子提醒韦小宝：过桥米线的油很重，虽然不冒热气，但很烫。这个描写精致得很，看着都活色生香。比起后来韦小宝吓唬俄罗斯人，要用他们的肉烤霞舒尼克，自不可同日而语。

除了吃饭，做饭也显手艺的。说回厨神黄蓉。黄蓉自己后来给洪七公做菜，用来给她家靖哥哥讨降龙十八掌。然而所谓“好逑汤”，就是樱桃斑鸠肉荷叶汤；“玉笛谁家听落梅”则是肉条拧在一起烤的，工艺复杂，倒未必好吃；后来又提到她在火腿上嵌进豆腐球炖，估计味道不差，但也一般。大体黄蓉这些菜，看着花哨，字句好看，真吃未必多动人。倒是洪七公啧啧想吃的鸳鸯五珍烩，据说是宋朝御厨全套家什才能做得；烩菜是看火候的，想来一定不错。

（我春天时，问过蔡澜先生，金庸先生自己真做菜不？菜可有渊源？蔡澜先生答：金庸先生年轻时不喜欢吃，许多菜都是自己闷想想出来的。）

后来洪七公华山上与欧阳锋决斗前，先吃了次炸蜈蚣。杨过帮厨，看得咋舌不下。洪七公是将蜈蚣去壳、煮干净、下油炸，香脆鲜浓。我总想象，跟炸虾仁差不多味道。

程英给杨过包过粽子吃。双儿给韦小宝包过粽子吃。她俩都是浙江人，虽然性情不一，倒是一样的温柔。反过来，您就很难想象建宁公主会给韦小宝包粽子吃。

阿碧与阿朱都是江南姑娘，给段誉做了顿饭，段誉当场猜出来了："这樱桃火腿，梅花糟鸭，娇红芳香，想是姊姊做的。这荷叶冬笋汤，翡翠鱼圆，碧绿清新，当是阿碧姊姊手制了。"——真是有贾宝玉风范啊。

我猜金庸先生对湖南菜有好感，所以《笑傲江湖》和《飞狐外传》里，令狐冲和胡斐都遭遇了湖南菜。在金庸看来，湖南菜"筷极长，菜极辣"，很有豪气。

《连城诀》里戚芳与狄云开始是乡下人，招待来客，杀了只鸡，煮了大盘白菜与空心菜，一盘盐水泡红辣椒。菜既简朴而好吃，很有"故人具鸡黍，邀我至田家"之风；一盘盐水泡红辣椒，是得了湖南乡土菜之精髓了。空心菜则是贯彻全书的一个密码，很动人。

还是湖南。《飞狐外传》里，程灵素给胡斐做了三碗菜：煎豆腐、鲜笋炒豆芽、草菇煮白菜。没有荤菜，但鲜美异常。与胡斐同行的钟二爷心虚怕有毒，不敢吃；胡斐欢然吃了，以真诚得了程灵素芳心。单是这三个菜，我看着也舒心：笋炒豆芽、菇煮白菜，鲜是一定鲜的，豆腐又有蛋白质，健康得不得了，也合程灵素人淡如菊的风骨。想来程灵素真跟胡斐过日子，一定贤惠至极。重读到这里，看这一桌菜，真是断肠，替胡斐难过：多好的姑娘啊，又懂医疗保健又会做菜，对你还是生死以之的真心，干吗非喜欢不守清规戒律、到处踢馆、连真名都瞒着你的袁紫衣呢？

张无忌对周芷若一饭之恩，不敢稍忘：只因当日，周芷若将鱼骨鸡骨细心剔除干净，每口饭中再加上肉汁——我看着都觉得好吃。宋青书为了这一口，大概死都甘愿吧？可见世事多不公平。

张无忌在去万安寺救人之前，和赵敏在北京的小酒店吃饭。吃的什么呢？涮羊肉。这是赵敏极可爱处：她一个郡主，呼风唤雨，什么弄不到？但请张无忌吃私饭，就是一锅涮羊肉。既豪迈，又随意，热络喧腾，自家人。当场喝了酒，张无忌看着酒杯上的胭脂印，怦然心动。周芷若是汉水边的姑娘，请张无忌吃鱼肉汤饭——感觉已经是香糯的肉粥了；赵敏是蒙古姑娘，请张无忌吃涮羊肉。殷离当日看张无忌腿骨折了，是请他吃鸡。因为姑娘请吃东西就喜欢上，张无忌也是个吃货。

最后，金庸还是对江浙一带有感情。《天龙八部》里，金庸写段誉到无锡：

> 进得城去，行人熙来攘往，甚是繁华，比之大理别有一番风光。信步而行，突然间闻到一股香气，乃是焦糖、酱油混着熟肉的气味。

焦糖、酱油混着熟肉，金庸把握住了无锡民间饮食的精髓……接下来，段誉就要和萧峰在这种饮食氛围下，咚咚咚喝掉四十来碗酒，变成兄弟了。

又《书剑恩仇录》里，小说约四分之一的篇幅发生在杭州，于是发生了以下吃食。乾隆被玉如意骗回妓院后，见的菜式：

> 乾隆见八个碟子中盛着肴肉、醉鸡、皮蛋、肉松等宵夜酒菜，比之宫中大鱼大肉，另有一番清雅风味。这时白振等都在屋外巡视，房中只有和珅侍候，乾隆将手一摆，命他出房。女仆筛了两杯酒，乃是陈年女贞绍酒，稠稠的醇香异常。

如此下酒，实在是妙绝。也难怪乾隆乐不思蜀了——比起宫里什么“燕窝红白鸭子南鲜热锅”，什么“山药葱椒鸡羹”，还是这几样菜看得舒服啊！

后来红花会从地道擒走了乾隆，饿他，馋他，那一段是金庸学大仲马《基督山伯爵》末尾对付唐格拉尔的。馋乾隆的，是“燕窝红白鸭子炖豆腐”“葱椒羊肉”“冬笋大炒鸡炖面筋”“鸡丝肉丝奶油焗白菜”“猪油酥火烧”，都见于宫廷菜谱；这葱椒羊肉尤其是唐格拉尔爱吃的，金庸致敬得很细。

后来陈家洛不刁难乾隆了，给他吃的是：一碟汤包、一碟蟹粉烧卖、一碟炸春卷、一碟虾仁芝麻卷、一碗火腿鸡丝莼菜荷叶汤——真地道杭州风味。乾隆的表现也是绝妙：

> 见陈家洛先举筷夹一个汤包吃了，当即下箸如飞，快过做诗十倍，顷刻之间，把四碟点心吃得干干净净，汤也喝了个“碗底朝天子”。

虽然饿了两天两夜，临了狼吞虎咽，到底还是看着陈家洛先吃了一个才动筷——范儿和礼节，还是有的。

但最好玩的细节，还有一处。在一段几乎大家都忘了的情节里，陈家洛回海宁老家，见自己小时候的丫鬟晴画。待要走时，晴画要他吃东西，道是：

> 捧了一个银盆进来，盆中两只细瓷碗，一碗桂花白木耳百合汤，另一碗是四片糯米嵌糖藕，放在他面前。陈家洛离家十年，日处大漠穷荒之中，这般江南

富贵之家的滋味今日重尝，恍如隔世。他用银匙舀了一口汤喝，把糖藕中的糯米球一颗颗用筷子顶出来，自己吃一颗，在晴画嘴里塞一颗。

金庸小说，向无闲笔，尤其是修订本，该删的早删光了。而居然如此细致描绘菜名和吃喝细节，通贯浩荡十五部，再无第二处。

仅就这一段，我是这么猜的：这里描述的，是地道的海宁吃食。金庸自己，是海宁人。

一如余华写浙江、莫言写高密、老舍写北京、汪曾祺写扬州、张爱玲写到老上海的菠菜包子。

所谓故乡风味，无时或忘，萦人至此。大概金庸写到这里时，是真的想家了吧？

金庸的功力

金庸先生作品的情节上，有许多化用了十九世纪西方通俗小说，尤其是大仲马小说的桥段。

比如，《连城诀》，狄云遇到丁典，被指点出自己冤狱的缘由，激发复仇之心。《基督山伯爵》的剧情。

比如，《射雕英雄传》，洪七公去舱底偷酒，发现炸船阴谋，于是带郭靖先行避开，让欧阳锋自己烧船自作自受。《二十年后》的剧情。

比如，《雪山飞狐》，胡一刀、苗人凤的兵器各自被人上了毒而不自知，这个剧情从《哈姆雷特》之后被用了不知道多少次。

比如，《飞狐外传》，胡斐请汪铁鹗带他为内应，周铁鷦派个替死鬼来帮忙。比如，《碧血剑》，夏雪宜勾引何红药偷金蛇剑。这些剧情，都是十九世纪浪漫主义小说的常见桥段。

比如《连城诀》砌墙一段，是爱伦·坡用过的。

但不止于此。

金庸先生还化用了中国小说许多东西。

比如《书剑恩仇录》里文泰来夜追瑞大林前那段饮酒戏，完全是《水浒传》笔法。

比如《鹿鼎记》里韦小宝写字一段，戏仿《红楼梦》贾宝玉去秦可卿房里的段落。

比如《天龙八部》里耶律洪基与楚王之战，全是中国评书演义打仗的套路。

比如《书剑恩仇录》里说及鸳鸯刀时，说韩世忠用长短刀，典出冯梦龙《三言》。

其他细节就不说了。

所以若论细节，金庸先生的小说，其实是兼容并包，无所不采的。好比北冥神功，到处吸，最后汇成段誉的好一番武功。

但金庸先生真正受西方影响的，是小说的写法。

中国古典小说，四大名著大多是全知描写，很少金庸这样，“第三人称单主角视角加大量心理描写叙述”的。比如《天龙八部》，段誉线，视角几乎全是段誉；萧峰线，视角几乎全是萧峰。

这种套路，是地道西方小说写法。

《射雕英雄传》，郭靖和黄蓉在墙壁里七天七夜疗伤，看外面你方唱罢我登场，金庸先生自己在后记里承认：那是戏剧的写作手法。

《雪山飞狐》文本形式极其妖艳，之前的情节和悬念，是靠大家你一段我一段，补叙出来的。所以实际故事情节不到一天，主要是大家在来回叙述。这种套路，《基督山伯爵》用得极娴熟，而先前的中国小说，几乎没有。

情节是小事，贯穿其中的叙述方式才是了不起的。

马尔克斯认为，纯粹讲传奇故事的技法，《基督山伯爵》已到极限。

我借这个套：

纯讲传奇故事的技法，金庸先生是集合了二十世纪之前，中西文学的巅峰了。中国古典小说那些套路和十九世纪西方通俗小说的叙述，他都用到炉火纯青了。

之所以我们读着，还觉得金庸先生的故事显得古意盎然，是因为：

他的语感深厚，之后的修订版里加了大量中华文化细节，让你读不出翻译腔和西洋句式来。只有《飞狐外传》里保留了相当多的西式句子，读程灵素死去那段可知。

真正学西方技巧学得通透的，是可以不带翻译腔的。金庸如是，老舍先生、后期王小波也如是。

他自己，以及那一代小说家影响力太大，以至于如今，大家可能都没意识到“这玩意是西方技法”。

这里可以多说一句。

金庸先生、老舍先生、后期王小波、张爱玲，以至于鲁迅先生这些位，因为语言老练扎实，所以看着，不太西式。其实他们许多都是醇厚的中文，西方小说的叙述方式，再结合中国古典小说套路，自开一派山河。光看文字，是看不出老舍先生在英国待了很久的。都知道王小波会向卡尔维诺、奥威尔他们致敬，但语感上，不会觉得王小波翻译腔吧？

得拿他们的小说跟中国古典小说对比，才看得出来，他们这一路开辟变化，有多么出色，多么醇厚。

黑猫白猫，抓到老鼠就是好猫。这几位是凭空自己养了一只茶色的猫。

比起某几位满口翻译腔，恨不得让大家看出自己学西洋大师多么道地的写作者，他们这几位，真是属于得其意而忘其形，打通了中西血脉，融会贯通了的。

《天龙八部》回目的用心细微之处

《天龙八部》，五十回，五卷，回目配成五首词。

第一卷，《少年游》：

青衫磊落险峰行，玉壁月华明。马疾香幽，崖高人远，微步縠纹生。

谁家子弟谁家院，无计悔多情。虎啸龙吟，换巢鸾凤，剑气碧烟横。

第二卷，《苏幕遮》：

向来痴，从此醉，水榭听香，指点群豪戏。剧饮千杯男儿事，杏子林中，商略平生义。

昔时因，今日意，胡汉恩仇，须倾英雄泪。虽万千人吾往矣，悄立雁门，绝壁无余字。

第三卷,《破阵子》:

千里茫茫若梦,双眸粲粲如星。塞上牛羊空许约,烛畔鬓云有旧盟。莽苍踏雪行。

赤手屠熊搏虎,金戈荡寇鏖兵。草木残生颅铸铁,虫豸凝寒掌作冰。挥洒缚豪英。

第四卷,《洞仙歌》:

输赢成败,又争由人算!且自逍遥没谁管。奈天昏地暗,斗转星移。风骤紧,缥缈峰头云乱。

红颜弹指老,刹那芳华。梦里真真语真幻。同一笑,到头万事俱空。糊涂醉,情长计短。解不了,名缰系嗔贪。却试问,几时把痴心断?

第五卷,《水龙吟》:

燕云十八飞骑,奔腾如虎风烟举。老魔小丑,岂堪一击,胜之不武。王霸雄图,血海深恨,尽归尘土。念枉求美眷,良缘安在?枯井底,污泥处。

酒罢问君三语,为谁开,茶花满路?王孙落魄,怎生消得,杨枝玉露?敝屣荣华,浮云生死,此身何惧!教单于折箭,六军辟易,奋英雄怒!

每一句扣一回目内容,为了回目,并没太通同一气。五首虽然都谈不上绝妙好词,但有好句子。

比如,"马疾香幽",活现出木婉清出场那一回。有快马,有幽香，就是见不到真面目，这四个字，为一回之描摹，也是对木婉清最好的写照。

“向来痴，从此醉”，形容段誉到苏州，见王语嫣，贴切。

“虽万千人吾往矣”，是借孟子话，浩然之气，又萧峰对阵聚贤庄天下英雄，真是慷慨豪迈，令人浮一大白。

第三卷以“塞上牛羊空许约”最佳，画面都描摹出来，历历在目；一个“空”字，怅恨都出来了。

“草木残生颅铸铁”次之，游坦之真是草木残生，又戴了铁头，苦。

“挥洒缚豪英”，星宿老怪——哦不对，老仙大发神威，是全书个人最威风的时刻。虽然，从此开始，他就要倒霉了……

第四卷，一气呵成，妙句如云。

“红颜弹指老，刹那芳华”，本是好句；用在没事返老还童的童姥身上，更是绝妙双关。

“且自逍遥没人管”，这句真是摇曳生姿。

“解不了，名缰系嗔贪。却试问，几时把痴心断？”这两句似乎是写鸠摩智和段誉、慕容复、王语嫣们，其实也可以说，是写给全书众生的。

第五卷，气韵鼓荡，每句拆开都好。

“燕云十八飞骑，奔腾如虎风烟举。”配萧峰王者归来，豪气也。

“老魔小丑，岂堪一击，胜之不武。”配三兄弟打败三大反派，快事也。

“王霸雄图，血海深恨，尽归尘土。”配恩怨了结，一个“尽”字，都有了，善哉。

“念枉求美眷，良缘安在？枯井底，污泥处。”这两句连起来看，俏皮得不得了。

“酒罢问君三语，为谁开，茶花满路？”这两句连起来看，也是好玩得很。

“王孙落魄，怎生消得，杨枝玉露？”大概到此，大家才第一次意识到，段延庆也是落魄王孙……

“敝屣荣华，浮云生死，此身何惧！教单于折箭，六军辟易，奋英雄怒！”这最后一段就不说了，是萧峰气贯天地的绝笔。

聊一下词牌。

第一卷，讲段誉。故用《少年游》。最初是小令，清快活泼。宰相晏殊写得最好。配段誉，好。

第二卷，先段誉，后萧峰。妙在《苏幕遮》这个词牌，来自西域，“‘苏莫遮’西域胡语也，正云‘飒磨遮’。此戏本出西龟兹国，至今犹有此曲。此国浑脱、大面、拨头之类也”。配萧峰非汉人身份。

第三卷，全是萧峰英雄传奇，故用《破阵子》，秦王破阵乐。自古最有名的《破阵子》，是辛弃疾的“醉里挑灯看剑”。以辛弃疾配萧峰，没问题吧？

第四卷,《洞仙歌》,原用来咏神仙。这一整本其实是借虚竹视角,看逍遥派那三位的百年爱恨的。真是洞仙岁月。

第五卷,《水龙吟》,又是辛弃疾擅长的词牌。向来气势雄浑,抒写激奋情思。豪气开局,叙述少林寺之战;慷慨结尾,雁门萧峰自尽。

连词牌都选得很妥帖,是和全书浑然合一的。

我私人觉得,金庸的章回名,《天龙八部》可与《鹿鼎记》并排第一。盖《鹿鼎记》回目都选自金庸祖先的诗,又句句双关隐指。某些回目,真是透着又有学问,又有幽默感。

《倚天屠龙记》的柏梁台体回目第三:妙句很多,比如灵芙醉客绿柳庄、谁送冰舸来仙乡、不识张郎是张郎、不悔仲子逾我墙。虽然大家印象最深的,怕是新妇素手裂红裳,真是七个字,惨厉劲道都出来了。

《笑傲江湖》虽然每章只两个字,但简洁有余味:三战、夺帅、绣花——俩字俩字,比《射雕英雄传》那些风雪惊变、江南七怪之类,那是好多了。

《飞狐外传》回目其实也是词,虽不如《天龙八部》,但里面有一句给袁紫衣的,很好:“紫罗衫动红烛移。”

又最后两回,胡斐一日之内,先见红花会等,再亲眼见程灵素死去,于是:“相见欢,恨无常。”

追思怅惘,悲欢离合,莫此为甚。

杨过与小龙女的重逢

一个大多数金庸剧没处理好的细节：

金庸写杨过与小龙女重逢，极平淡，极温和，然而极美。

某些版本是拥抱热吻，有些版本是痛哭流涕。热闹归热闹，但久别重逢，写得洋洋洒洒，那就落俗套了。

极上乘写法，是平淡处之，融汇回忆，做到梦回当初的效果，就是最好。

当初，晏几道写重逢，上半阕都是回忆华丽细节：

> 彩袖殷勤捧玉钟，当年拚却醉颜红。舞低杨柳楼心月，歌尽桃花扇底风。

下半阕却不哭不闹，都是极质朴地倾诉情感，最后也只是拿银釭照照，而已。

从别后，忆相逢，几回魂梦与君同。今宵剩把银钉照，犹恐相逢是梦中。

写重逢，好比炖鱼头汤。

开始要热锅急炒，葱姜俱下。

之后，就是加水，耐心地炖，炖入味了，炖透了，就好。

说回《神雕侠侣》。

如果要求文字摧扬急厉，那么，杨过在绝情谷苦等小龙女时，已经有了一段极折磨的描写。

这就是热锅急炒，读者已经被折磨坏了：

眼见太阳缓缓落山，杨过的心也是跟着太阳不断的向下低沉。当太阳的一半被山头遮没时，他大叫一声，急奔上峰。身在高处，只见太阳的圆脸重又完整，心中略略一宽，只要太阳不落山，三月初七这一日就算没过完。

可是虽然登上了最高的山峰，太阳最终还是落入了地下。悄立山巅，四顾苍茫，但觉寒气侵体，暮色逼人而来，站了一个多时辰，竟是一动也不动。

再过多时，半轮月亮慢慢移到中天，不但这一天已经过去，连这一夜也快过去了。

小龙女始终没有来。

他便如一具石像般在山顶呆立了一夜，直到红日东升。四下里小鸟啾鸣，花香浮动，春意正浓，他心中却如一片寒冰，似有一个声音在耳际不住响动：“傻子！她早死了，在十六年之前早就死了。她自知中毒难愈，你决计不肯独活，因此图了自尽，却骗你等她十六年。傻子，她待你如此情意深重，你怎么到今日还不明白她的心意？”

他犹如行尸走肉般踉跄下山，一日一夜不饮不食，但觉唇燥舌焦，于是走到小溪之旁，掬水而饮，一低头，猛见水中倒影，两鬓竟然白了一片。他此时三十六岁，年方壮盛，不该头发便白，更因内功精纯，虽然一生艰辛颠沛，但向来头上一根银丝也无，突见两鬓如霜，满脸尘土，几乎不识得自己面貌，伸手在额角发际拔下三根头发来，只见三根中倒有两根是白的。

刹时之间，心中想起几句词来：“十年生死两茫茫，不思量，自难忘。千里孤坟，无处话凄凉。纵使相逢应不识，尘满面，鬓如霜。”这是苏东坡悼亡之词。杨过一生潜心武学，读书不多，数年前在江南一家小酒店壁上偶尔见到题着这首词，但觉情深意真，随口念了几遍，这时忆及，已不记得是谁所作，心想：“他是十年生死两茫茫，我和龙儿却已相隔十六年了。他尚有个孤坟，知道爱妻埋骨之所，而我却连妻子葬身何处也自不知。”接着又想到这词的下半阕，那是作者一晚梦到亡妻的情境：“夜来幽梦忽还乡，小轩窗，正梳妆；相对无言，惟有泪千行！料得年年肠断处，明月夜，短松冈。”不由得心中大恸：“而我，而我，三日三夜不能合眼，竟连梦也做不到一个！”

猛地里一跃而起，奔到断肠崖前，瞧着小龙女所刻下的那几行字，大声叫道：“‘十六年后，在此重会，夫妻情深，勿失信约！’小龙女啊小龙女！是你亲手刻下的字，怎地你不守信约？”他一啸之威，震狮倒虎，这几句话发自肺腑，只震得山谷皆鸣，但听得群山响应，东南西北，四周山峰都传来：“怎地你不守信约？怎地你不守信约？不守信约……不守信约……”

他自来便生性激烈，此时万念俱灰，心想：“龙儿既已在十六年前便即逝世，我多活这十六年实在无谓之至。”望着断肠崖前那个深谷，只见谷口烟雾缭绕，他每次来此，从没见到过云雾下的谷底，此时仍是如此。仰起头来，纵声长啸，只吹得断肠崖上数百朵憔悴了的龙女花飞舞乱转，轻轻说道：“当年你突然失踪，不知去向，我寻遍山前山后，找不到你，那时定是跃入了这万丈深谷之中，这十六年中，难道你不怕寂寞吗？”

> 泪眼模糊，眼前似乎幻出了小龙女白衣飘飘的影子，又隐隐似乎听得小龙女在谷底叫道:“杨郎，杨郎，你别伤心，别伤心！”杨过双足一蹬，身子飞起，跃入了深谷之中。

头发斑白，大叫大跳，大哭大闹，都有了。跳悬崖了，这是一种动的极致。

然后，到了杨过与小龙女当真重逢时，文风立刻转静，慢悠悠的，从容的，一切仿佛没有变的：

> 但见室右有榻，是他幼时练功的寒玉床；室中凌空拉着一条长绳，是他练轻功时睡卧所用；窗前小小一几，是他读数写字之处。室左立着一个粗糙木橱，拉开橱门，只见橱中放着几件树皮结成的儿童衣衫，正是从前在古墓时小龙女为自己所缝制的模样。他自进室中，抚摸床几，早已泪珠盈眶，这时再也忍耐不住，眼泪扑簌簌的滚下衣衫。
>
> 忽觉得一只柔软的手轻轻抚着他的头发，柔声问道:“过儿，甚么事不痛快了？”这声调语气，抚他头发的模样，便和从前小龙女安慰他一般。杨过霍地回过身来，只见身前盈盈站着一个白衫女子，雪肤依然，花貌如昨，正是十六年来他日思夜想、魂牵梦萦的小

龙女。

两人呆立半晌，“啊”的一声轻呼，搂抱在一起。燕燕轻盈，莺莺娇软，是耶非耶？是真是幻？

过了良久，杨过才道：“龙儿，你容貌一点也没有变，我却老了。”小龙女端目凝视，说道：“不是老了，而是我的过儿长大了。”

这是在炖汤，是“今宵剩把银釭照，犹恐相逢是梦中”。

前面不是提了苏轼《江城子》吗？苏轼回忆起亡妻，没有什么华丽繁复的情景，而是：

夜来幽梦忽还乡，小轩窗，正梳妆；相对无言，惟有泪千行。

还是回忆过去，还是简单的小轩窗，还是没有什么话。

就这么沉默，就这么温和。这才是理该有的反应。

《唐山大地震》，徐帆再次见到张静初，也没有大哭大闹，只问了句简直唐突的话：

“你是打哪儿冒出来哒？”

都在里面了。

金庸这种先急后缓，先咆哮号哭，再宛如梦回，是极高明、极美丽的写法。

最后他还嫌这种怀旧感不够劲儿，加了这段：

小龙女十六年没说话，这时说起话来，竟然口齿不灵。两人索性便不说话，只是相对微笑。杨过到后来热血如沸，拉着小龙女的手，奔到屋外，说道："龙儿，我好快活。"猛地跃起，跳到一棵大树之上，连翻了七八个筋斗。

这一下喜极忘形的连翻筋斗，乃杨过幼时在终南山和小龙女共居时的顽童作为，十多年来他对此事从来没想起过，那料到今日人近中年，突然又来这么露了一手。只是他武功精湛，身子在半空中矫夭腾挪，自然而然显出了上乘轻功。小龙女纵声大笑，甚么"少语、少笑、少喜、少乐"的禁条，全都抛到九霄云外去了。

这才是真回到了他们热爱的，当年在终南山的氛围了。

最后还有下面这段，是金庸所有书里最温暖慰藉的段落。并不是泼洒扬厉才叫美的，这样絮絮温存，才是度尽劫波的人应有的美。

两人说了半天话，小龙女回进屋去烧了一大盆鱼，佐以水果蜂蜜。潭水寒冷，所产白鱼躯体甚小，却是味美多脂。杨过吃了一个饱，只觉腹中暖烘烘地甚是舒服，这才述说一十六年来的诸般经历。他纵横江湖，威慑群豪，遭际自比独居深谷的小龙女繁复千百倍，但小龙女素来不关心世务，只求见到杨过便万事已足，纵是最惊心动魄的奇遇，她听着也只淡淡一笑，犹如春风过耳，终不萦怀。倒是杨过絮絮问她如何捉鱼摘果，如何造屋织布，对每一件小事都兴味盎然，从头至尾问个明白，似乎这小小谷底，反而大于五湖四海一般。

反过来，如果非要写得情话绵绵，比如下面这个样子：

“杨过回头一望，只见雪落梨树、万花纷飞之中，小龙女婉约如处子，正面对着他。杨过喜极而泣，叫道：‘我找了你好久好久好久，只将心揉碎了如情花瓣飞扬，飞遍了整个绝情谷！你为什么一直瞒着我瞒着我！’小龙女泪落双颊，琥珀色的双眸闪烁不定，道：‘过儿，每只飞走的玉蜂，蜂蜜与蜂刺，都有我思念你时的甜蜜与痛楚！为什么我们十六年后才能相逢！’”

——估计效果就一般了吧……

《天龙八部》：一部古希腊悲剧

《天龙八部》是一部悲剧。尤其在萧峰身上，简直散发着古希腊庄严悲剧的味道。

亚里士多德先生总结过，悲剧当引发观众对剧中人的怜悯，以及对命运无常的体会。

古希腊悲剧有别于其他的一大特色是：许多时候，悲剧并不是因为主角犯了错，而是命运在要弄你。越想逃避，越容易栽进去。

像俄狄浦斯杀父娶母之前，完全不知内因，就这么着遭罪了。怪谁呢？命啊！

说及《天龙八部》，陈世骧先生总结过八个字：有情皆孽，无人不冤。

非常到位。

从这个角度，打量一下全书所有的人物，从最小的人物说起。

龚光杰做错过什么？他只是听从师父左子穆的安排，莫名其妙就死在了神农帮手下，冤。

左子穆做错过什么？他只是想安稳地做好无量剑掌门，就被纳入了灵鹫宫当奴仆，还因为叶二娘的奇怪爱好，儿子差点都被抢了，冤。

司空玄做错过什么？他是被灵鹫宫驱使，来占无量山，结果莫名其妙送了性命，冤。

钟灵做错过什么？她就是少女活泼，爱上了段誉，天晓得她妈跟段誉他爸有一腿，于是折磨了大半本书，冤。

钟灵的爸爸钟万仇做错过什么？这人的确醋性甚大，做了些不光明的事，但主要是因为妻子倾心段正淳；到得最后，心里还是无穷的苦楚，冤。

岳老三做错过什么？他其实是个大浑人，越到后来越成喜剧角色，但就为了救段誉，被自己倾心信赖的老大杀了，冤。

叶二娘做错过什么？当然她杀戮儿童是很变态，但想想根源：她自己和玄慈方丈有不伦之恋，孩子又被萧远山偷走了。有冤无处诉，最后殉了玄慈，孽。

段延庆做错过什么？当然，他是天下第一大恶人，确实无恶不作，但最初是命运拨弄他，让他失去太子之位，还落得一身残疾。他的冤哪里去诉？

木婉清做错过什么？她无非就是爱上了段誉，然后发现自己的娘跟段誉他爹有一腿，等再见段誉时，王语嫣又横空出世了。孽。

秦红棉、甘宝宝、刀白凤、阮星竹、王夫人这些段正淳的女人们，一个个命苦，就不用提了；偏孩子们还被段誉一个个拣到了，孽。

鸠摩智其实天纵奇才，大智大慧，但就是参不透。段誉都调侃过他一定很苦恼——到最后武功全废，他反而开悟了。除了苦笑，还能如何？

阿碧至死都跟着慕容复，不以任何颠沛流离为苦。段誉都承认："各有各的缘法，我同情他们，安知他们不是自在喜乐？"是冤家还是孽缘，没法说。

阿朱什么都没做错，只是天晓得她爸爸是段正淳，天晓得命运安排萧峰要去杀段正淳，她只好牺牲自己。孽。

包不同除了嘴损一点，其实人甚为耿直，是条好汉，对慕容复忠心不二，对女儿包不靓关爱得很，是个好爸爸，可最后被慕容复一掌打死，临死时两行清泪，是伤心到了极点。冤。

赵钱孙、谭婆和谭公的三角恋老来痴苦，是孽缘，却没法子，就因为莫名其妙插了一脚萧远山事件，死在这事上了。

白世镜当然可恶，但也可怜。他对萧峰始终存敬爱之心，不肯下狠手，只杀了马大元，最后就是逃不过情色二字，掉进去了。说是因果报应，又何尝不冤？

马夫人康敏当然可恶至极，元凶巨恶之一，但细想来，她自己描述过往事，就是小时候家里穷，攀比不过，所以占有欲极强，宁肯毁了，不给别人。她看上萧峰，也是孽缘安排，结果就串联出那么多大悲剧。孽。

阿紫当然有可恶之处，但她从小被送到星宿海，孤苦无依；长大后第一个爱上的，偏偏是她的姐夫。孽。最后，她也以身殉了萧峰。

游坦之当然做过许多窝囊破事，但他一个少庄主，莫名其妙失掉了叔叔父亲，已经够惨；又被阿紫折磨，因为爱她而成了铁头人，失了双眼，他何尝不可怜？最后还不是跟阿紫去了？

函谷八友都是至情至性的人物，可是就因为苏星河与丁春秋作对，他们被逐出师门。他们苦不苦冤不冤？

逍遥派那几位，无崖子、李秋水和天山童姥，从头到尾，恩怨纠葛，到死方休，还是"同一笑，到头万事皆空"，两个女人争了一世，男人却喜欢了第三个女人。都是孽缘。

三十六洞主加七十二岛主，做了天山童姥的奴仆，惨遭生死符刑戮压迫，冤不冤？

萧远山新婚燕尔，就因为宋辽矛盾，被莫名其妙地杀了妻子，自己隐姓埋名多年。他冤不冤？

慕容博是始作俑者，搞了许多阴谋，但他和慕容复一样，一出生就背负着那个乱七八糟的"大燕复国之梦"，为此牺牲了各自的人生，他们冤不冤？

玄慈方丈和叶二娘的孽缘不多提了。

段正淳当然引发了许多悲剧，导致他跟每个女人的感情都激发一段孽缘，但命运也忒作孽，偏把他的儿子和女儿们一一找到——最后儿子还不是亲生的。末了一死，也算以身殉了他那些孽缘。

甚至耶律洪基也是，始终被征服天下的梦想支配，始终因楚王造反事件而不安（所以才会疑忌萧峰），所以哪怕萧峰劝阻，还是要不断南征，并把他囚起来。

说到三大主角。

虚竹天生无父无母，他的本心，就是想做个和尚。

结果到最后，他得到了凡俗之人可以想象的一切：华丽的艳遇，身为公主的妻子，权位，名誉，绝顶武功，整个灵鹫宫的美女——但他真正想要的，比如父母的天伦之乐，比如安稳做和尚的生活，没有了。

哭笑不得吧？此所谓“求不得”。

段誉宅心仁厚，也算傻人有傻福，但和钟灵和木婉清的感情上，他没做错什么，就因为机缘巧合，碰到了——据说是——亲妹妹，就断送了。

他并不想做皇帝，却还是被段正明逼着做了；他也不想要武功，最后还是有了旷世武功。

哭笑不得吧？

萧峰从头到尾，都是条顶天立地的汉子。他失去一切，只因为他的出身血统、马夫人的冤孽情感和阴谋策划，外加宋辽常年以来的斗争偏见，加上他爹的帮倒忙。无论萧峰如何抗争，终究无可逃脱。最后，当身处宋辽夹缝之间时，他还是以身殉了宋辽的和平——他本身是宋辽矛盾最大的受害者，最后却要为此牺牲。还有比这更宏伟的悲剧吗？看完萧峰的命运，换了谢逊来，一定要饮酒三斗，喝一声："贼老天！"

这就是命运的安排。每个人都很无力，每段感情都是孽缘。大家都处于怨憎会、爱别离、求不得之中，被各自的冤孽障缠住出不来，最后除了死（萧峰、段正淳）或放下开悟（萧远山、慕容博、鸠摩智），别无他途。

（这里我应该拍一下醒木。）

此所谓《天龙八部》，众生皆苦，有情皆孽，声色无常，大悲剧是也。

当年 TVB《天龙八部》主题曲《难念的经》，是林夕先生作词。看以上这些人的命运，再看看下面这段，什么叫怨憎会、爱别离、求不得、贪嗔痴、世事无常，都在里面了。

笑你我枉花光心计 爱竞逐镜花那美丽
怕幸运会转眼远逝 为贪嗔喜恶怒着迷
责你我太贪功恋势 怪大地众生太美丽
悔旧日太执信约誓 为悲欢怨哀妒着迷
啊 舍不得璀璨俗世
啊 躲不开痴恋的欣慰
啊 找不到色相代替

啊 参一生参不透这条难题
吞风吻雨葬落日未曾彷徨
欺山赶海践雪径也未绝望
拈花把酒偏折煞世人情狂
凭这两眼与百臂或千手不能防
天阔阔雪漫漫共谁同航
这沙滚滚水皱皱笑着浪荡
贪欢一晌偏教那儿女情长埋葬

张无忌反而有忌，杨不悔终于不悔

金庸小说里许多名字，自有历史渊源。

例如黄药师源自东方药师佛，又唐有李靖李药师，辽有郭药师。

五行讲究西金北水，所以西毒欧阳锋，金字旁；北丐洪七公，洪水的洪。

柯镇恶这名字，取自南朝大将王镇恶。

赵半山，半山是王安石的号。

大武小武里一个叫武敦儒，宋朝是有个词人叫朱敦儒。至于另一个武修文，扣着偃武修文这成语，这名字着实好。

林平之，游坦之。平者坦也。这俩人命运也类似，一点儿都不平坦：都被灭门，都想报仇，都遭遇了孽情。以及，都瞎了。

苗人凤，和著名的毛人凤有谐音，细想来，是金庸开的一个小玩笑。

程灵素。她自称是《灵枢》的灵，《素问》的素：那是两本医书。而她自己，是金庸小说里最好的医生。

她的师兄慕容景岳，《景岳全书》是明代著名的医书。

她的师姐薛鹊，扁鹊的鹊。

她的师叔石万嗔，跟程灵素的师父毒手药王作对了一辈子。药王临终起了法号叫无嗔，跟石万嗔一比，高下立判。

木婉清，钟灵毓秀，这名字起的都是好辞藻。

鸠摩智。暗扣了历史上高僧鸠摩罗什。罗什者，智也。

阮星竹。段正淳情人一大堆，论名字，还是这个最美。配上段正淳“星眸竹腰”的描述，更好。而且她住在小镜湖、方竹林，真是好名字配了好所在。

李秋水，秋水是庄子的典故，逍遥派嘛，当然得挂靠《庄子》。

香港有电影给天山童姥起名叫巫行云，除却巫山不是云，也很好。

阿朱、阿紫姐妹。有成语曰，“恶紫夺朱”。结合情节看，姐妹俩都跟萧峰有孽缘，大妙。

岳不群。看似是卓尔不群。但仔细一想：君子群而不党，小人党而不群。其实这名字，已经暗指他是小人了。

令狐冲与任盈盈一配，恰合了道家真言：“大盈若冲，其用不穷。”合乎令狐冲的性格，也很好。

说个冷笑话。齐秦有歌《夜夜夜夜》，第一句“想问天你在哪里”，我每次都听成“向问天你在哪里”，便觉得这歌是任我行唱的。

木高峰是一个木，林平之是双木。一个高峰，一个平之；名字就注定是要犯冲的。

余沧海和木高峰也算一对，所以一起死在林平之手下了。

文泰来，《书剑恩仇录》前半部书，他都在蹲牢；后半部逃出牢笼威风八面，果然是否极泰来。

论性格遭遇，张无忌反而有忌，杨不悔终于不悔。也是对应得妙。

明教逍遥二仙。杨逍确实逍遥自在，范遥却走得很远，真是命数。

韦一笑这名字酷毙了，结合他那传奇的出场，青翼出没一笑飏，真好。

周芷若是极上等的名字：白芷和杜若，都是楚地云梦泽的香草名字。她最早出场在汉水畔，真是扣得好。

金庸很喜欢白色与青绿色。

小龙女与香香公主都是白衣出场。起名字，程灵素，殷素素，素。

青绿，则温青青、阿青、李青萝、霍青桐;公孙绿萼、阿碧。

大概是青绿色得山水清雅之气吧？说到白色与青绿色，似乎就很有中国武侠气度；不信，看这个：

袁紫衣，按她自己的说法，是缁衣的谐音，僧人穿的袍子。

但白居易有所谓紫罗衫动红烛移。而且袁黄衫，袁红衣，袁白袍，都不如袁紫衣好听。大概袁紫衣名字太好听了，古龙后来《七种武器》开篇《长生剑》，还有个女角叫袁紫霞。

夏雪宜本身是好名字，夏天之雪，恰合金蛇郎君极端的性格。他那位冤家何红药，“桥边红药，年年知为谁生？”唉。

夏雪宜的女儿温青青，“青青子衿，悠悠我心。但为君故，沉吟至今。”温仪心里，是一直沉吟着夏雪宜的。

苗若兰，本来名字平平无奇。但她母亲叫作南兰。忽然间，就体现了苗人凤对妻子刻骨铭心的深爱来。

杨不悔，不悔仲子逾我墙。纪晓芙一辈子的倔强，都在里头。

杨不悔、温青青、苗若兰。分别对应着纪晓芙的不悔、温仪的沉吟与苗人凤的追念。所以我觉得，这是最好的三个名字：典故与辞藻再好，惊艳一下也就过去了；能让人再琢磨一下的，自然意味深长。

所动人者，惟情而已。

名门正派与旁门左道

以前说过，《鸳鸯刀》是一本迷你版《鹿鼎记》，是金庸前期小说的一个总结性解构：自嘲，调侃，解构，怀疑，结束。

《鸳鸯刀》之前，金庸的作品大致上都还是国仇家恨，热血男儿。

而《鸳鸯刀》之后，纯粹的英雄主角，只有萧峰了：还是个大悲剧。

金庸以《鸳鸯刀》的调侃，结束了一段纯粹热血英雄的年代。开始了一段内心挣扎的年代。

《鸳鸯刀》之前，红花会、少林派、华山派之类，名门正派，堂堂正正。

到了《倚天屠龙记》里，正派反派开始模糊了。整本书都在说一个事件：反转。

少林寺的少年张君宝，成了震古烁今的张三丰。

小东邪郭襄，成了峨眉祖师。这个开头已经很惊人了，且看之后：

因为爱，名门正派张翠山，娶了妖女殷素素——谢逊在船舱里就大笑，说殷素素比“这个假仁假义的张相公，合我心意多了”。

号称邪魔外道的明教，结果却有无数英雄豪杰。

号称名门正派的少林，却组团来武当山逼死了张翠山与殷素素。

号称名门正派的昆仑派，何足道的后辈何太冲夫妇，却猥琐不堪。

号称名门正派的鲜于通，却是个大大的阴毒之徒。

小东邪郭襄的后辈灭绝师太，却是门户之见最重的人。

小昭一个天真无邪的丫鬟，其实是紫衫龙王之女，终极间谍。

赵敏可以从元朝郡主变成明教夫人。

周芷若可以从峨眉小仙女变成大魔头。

反而是最初被目为毒蛇猛兽的明教，最后成为仁义之师，得了天下。

反转如何得来？来自于情感与欲望对人的异化。

因为爱，殷素素和赵敏可以过来跟了张五侠和张教主。

因为爱，作为间谍的小昭最后为了张教主牺牲了自己。

因为欲望，周芷若可以变成女魔头。

因为欲望，少林派三大神僧、后山三老僧，可以厚颜无耻撒泼打滚。

因为欲望，朱武连环庄可以坑害张无忌，无所不用其极。

《连城诀》，大反派血刀老祖反而救护了狄云，大侠花铁干与名门正派的汪啸风反而是反派。

《天龙八部》，萧峰被中原武林当作反派围剿时，只能愤怒地“虽千万人吾往矣”。

《鹿鼎记》就不提了，整本书都在解构。

《笑傲江湖》则更微妙。

君子剑岳不群是反派，倒还罢了。

任我行复位成功又变了大魔头，令狐冲则看懂了：坐在位子上的，是东方不败与任我行，那又有什么区别?

最有趣的，还是少林武当。

青城派灭门林家，少林武当与五岳剑派没动静。大家说起时，只问辟邪剑谱，不问林震南夫妇。是人不如剑谱。

田伯光捉了仪琳。令狐冲与青城派起冲突斗杀人命。少林武当与五岳剑派也没动静。大家继续忙着刘正风金盆洗手的仪式。

刘正风一家被嵩山屠戮。气宗与剑宗在华山争执。华山派在药王庙差点被剿灭。少林武当也仿佛不存在。

可见少林武当根本不负责仲裁武林大局。你们爱打打，爱杀杀，请便。只在触及自己利益时，他们才出手，而且是有选择性的出手。

令狐冲被冤枉、生重病、受重伤，有过力救仪琳的好人好事，少林武当也没把他当真。

令狐冲展示了自己会独孤九剑，任盈盈表示自己钟情令狐冲。少林派忽然就表示了关心，方证还要收令狐冲为徒，热情洋溢要传他《易筋经》呢。

令狐冲统率群豪去少林寺救任盈盈，武当冲虚忽然出来跟他斗剑了。少林忽然就对邪魔外道们手下留情了。

为什么？因为要留着将来跟令狐冲谈判的面子啊！

到令狐冲接任恒山掌门了，少林武当掌门忽然来了，跟他说故事了，拉拢他一起对抗嵩山左冷禅了。

因为令狐冲有被拉拢的价值啊。

最好玩的一个细节。

封禅台上令狐冲重伤，之后少林武当二位都没跟他搭茬。直到最后要对抗任我行，少林武当才再出场。

为什么？

且看这段岳不群刚击败左冷禅时：

岳不群下得台来，方证大师、冲虚道人等都过来向他道贺。方证和冲虚本来担心左冷禅混一五岳派后，野心不息，更欲吞并少林、武当，为祸武林。各人素知岳不群乃谦谦君子，由他执掌五岳一派门户，自是大为放心，因之各人的道贺之意均十分诚恳。

方证大师低声道："岳先生，此刻嵩山门下，只怕颇有人心怀叵测，欲对施主不利。常言道得好，害人之心不可有，防人之心不可无。施主身在嵩山，可须小心在意。"岳不群道："是，多谢方丈大师指点。"方证道："少室山与此相距只咫尺之间，呼应极易。"岳不群深深一揖，道："大师美意，岳某铭感五中。"

方证大师这会儿关心岳不群的姿态，与他当年要传令狐冲《易筋经》的样子何等相似？

令狐冲此时重伤在身，方证冲虚怎么不去低声叮嘱了？因为忙着拉拢岳不群啦！要呼应啦！

用人朝前，不用人朝后。利益使然而已。

所谓令狐冲、岳不群、左冷禅们，在武当少林眼里，那都差不多：只要不影响到他们的霸权，他们是并不关心的，嘻嘻。

可以说，后期金庸反复陈述的，就是欲望与人心的异化。

张翠山一家从冰火岛回到中土，惴惴于师父如何看待他不告而娶魔教女子之事。

张三丰说的一段话，才是金庸后期小说的核心：

"那有甚么干系？只要媳妇儿人品不错，也就是了，便算她人品不好，到得咱们山上，难道不能潜移默化于她么？天鹰教又怎样了？翠山，为人第一不可胸襟太窄，千万别自居名门正派，把旁人都瞧得小了。这正邪两字，原本难分，正派弟子若是心术不正，便是邪徒，邪派中人只要一心向善，便是正人君子。”

金庸的主角没文化

金庸小说的主角，都没啥文化。

《碧血剑》里明说，袁承志年幼时，应松教他读书习字，曾将他父亲袁崇焕的诸篇奏章详为讲授。但他除此之外，读书无多。

《笑傲江湖》里明说，令狐冲没读过多少书，什么诗词歌赋，全然不懂；秃笔翁的草书，他也是全不知道的。

郭靖自己说过，“有许许多多事情我老是想不通，要是多读些书，知道圣人说过的道理，一定就会明白啦。”看岳飞的词，那也是不懂的，需要黄蓉解说。

胡斐武功虽强，但自幼无人教他读书，因此听程灵素说到书法什么的，那是一窍不通。

韦小宝韦爵爷认识的字，那也有限得很；但还有比他更惨的：石破天是大字不识。

段誉自然是书生，但萧峰与虚竹文墨方面，也很有限。

张无忌更是毫没继承他爸爸的书法，也就是粗通文墨；赵敏第一次见面时还问他要书法，张无忌羞得面红耳赤。

话说，这是为什么呢？

梁羽生笔下多是儒侠，没事还能题诗；金庸笔下主角，从陈家洛这个书生到韦小宝这个文盲，文化程度是越来越低了。

其中却也有道理。

一来，可以为情节服务。石破天不识字，所以才能勘破侠客岛上《太玄经》的武功。韦爵爷若是识字，也没有“鸟生鱼汤”这么好玩的梗了。

二来，可以制造反差萌。实际上，金庸很喜欢制造这个场景：有文化的女主角念叨，缺文化的男主角懵懂。

比如程英跟杨过有过这么一段：

> 那少女又是轻轻一笑，道：“我的字是见不得人的，等你养好了伤，要请你教呢。”杨过暗叫：“惭愧。”不禁感激黄蓉在桃花岛上教他读书写字，若没那些日子的用功，别说分辨书法美恶，连旁人写什么字也不识得。

比如赵敏跟张无忌要书法，张无忌尴尬无比：

> 那赵小姐赵敏微微一笑，说道：“张教主的尊大人

号称‘银钩铁划’，自是书法名家。张教主家学渊源，小女子待会尚要求恳一幅法书。”

张无忌一听此言，脸上登时红了，他十岁丧父，未得跟父亲习练书法，此后学医学武，于文字一道实是浅薄之至。

比如郭靖经常是这样：

陆庄主与黄蓉一幅幅的谈论山水布局、人物神态，翎毛草虫如何，花卉瓜果又是如何。郭靖自是全然不懂。

当然，最终的用途，是这样的。
金庸先生在《书剑恩仇录》后记里，这么写：

拟乾隆的诗也就罢了，拟陈家洛与余鱼同的诗就幼稚得很。陈家洛在初作中本是解元，但想解元的诗不可能如此拙劣，因此修订时削足适履，革去了他的解元头衔。

金庸先生很明白：主角如果太有文化，反而难以拟写；毕竟中了举的，那也是子曰诗云朗朗上口，说话难免不太接地气；

所以主角不宜太有文化。韦爵爷就没文化，这不，读者人人爱嘛！

而且还不止主角的问题。《雪山飞狐》后记里如是说：

只是书中人物宝树、平阿四、陶百岁、刘元鹤等都是粗人，讲述故事时语气仍嫌太文，如改得符合各人身分，满纸“他妈的”又未免太过不雅。限于才力，那是无可如何了。

人物太文雅了固然不好，太粗俗了却也难。

不如就写成略通文墨，这样也方便描写嘛。

这个道理，其实说得最透的，是《红楼梦》里贾府老太太：

贾母笑道：“这些书都是一个套子，左不过是些佳人才子，最没趣儿。把人家女儿说的那样坏，还说是佳人，编的连影儿也没有。开口都是书香门第，父亲不是尚书就是宰相，生一个小姐，必是爱如珍宝。这小姐必是通文知礼无所不晓，竟是个绝代佳人。只一见了一个清俊的男子，不管是亲是友，便想起终身大事来，父母也忘了，诗礼也忘了，鬼不成鬼，贼不成贼，那一点儿是佳人？”

所以说，为了讲故事方便，还是一般粗通文墨的主角，比较好驾驭。如袁承志，如郭靖，那都不是啥大文化人。

当然金庸先生越到晚年，越敢塑造了。段誉满口《易经》，韦爵爷满口粗话，就是截然不同的两个人物，写来依然活灵活现，那就是功力到了。

当然，文人笑话还是要讲的，所以《天龙八部》结尾那么悲凉壮阔，还是没忘插一笔，体现萧峰和段誉的文化差异：

> 段誉策马走近，听到二人下半截的说话，喟然吟道："烽火燃不息，征战无已时，野战格斗死，败马号鸣向天悲。鸟鸢啄人肠，衔飞上挂枯树枝。士卒涂草莽，将军空尔为。乃知兵者是凶器，圣人不得已而用之。"
>
> 萧峰赞道："'乃知兵者是凶器，圣人不得已而用之。'贤弟，你作得好诗。"
>
> 段誉道："这不是我作的，是唐朝大诗人李白的诗篇。"

而没文化的角色，也可以创造精彩之极的情节。比如，下面这个：书记的迂腐，成吉思汗的豪迈，那都在里头了：

> 成吉思汗进入金帐，召来书记，命他修写战书。
>
> 那书记在一大张羊皮纸上写了长长一大篇，跪在

地下朗诵给大汗听:“上天立朕为各族大汗，拓地万里，灭国无数，自古德业之隆，未有如朕者。朕雷霆一击，汝能当乎？汝国祚存亡，决于今日，务须三思，若不输诚纳款，行见蒙古大军……”

成吉思汗越听越怒，飞起一脚，将那白胡子书记踢了个筋斗，骂道:“你跟谁写信？成吉思汗跟这狗王用得着这么罗唆？”提起马鞭，夹头夹脑劈了他十几鞭，叫道:“你听着，我怎么念，你就怎么写。”那书记战战兢兢的爬起来，换了一张羊皮纸，跪在地下，望着大汗的口唇。

成吉思汗从揭开着的帐门望出去，向着帐外三万精骑出了一会神，低沉着声音道:“这么写，只要六个字。”顿了一顿，大声道:

“你要战，便作战！”

古龙与金庸打架方式之不同

2018 年 3 月底，我去央视英语频道一个节目里，跟主持人聊金庸。

等场时，节目组一位意大利制片人姐姐跟我聊起来：金庸和古龙的小说里，武技风格（style of martial art）有何不同呢？

我解释说，金庸的技击体系，分为内功、招式与外功。

外功，可以强化肢体的物理破坏力，例如砍树碎石（亢龙有悔断树、少林大力金刚指可以碎骨）。

招式，则类似于英语里的 move 或 skill，运用肢体或兵器的技法。描述拳打脚踢的动作，与西方小说里描述格斗，是差不多的。

内功最神奇了，而且功能多样：既可以提升肢体物理破坏力（前述），也可以附着在兵器上（张无忌用木剑击断方东白的胳膊，萧峰运劲将钢杖插入石壁），更可以治伤、发热、运送投递等，甚至可以输出体外，隔空制造气波流动（六脉神剑）；内功高强者还能够施展轻功，突破物理定律，一飞数十丈（《侠客行》末尾）。

意大利制片人姐姐说：啊！也就是说，内功约等于“星战系列”里的原力？或者，一种朴素的重力魔法？可以强化人的生理能力甚至远程攻击？

我歪着头想了想，说：也可以这么理解吧……

我又解释说，古龙早期小说的技击系统，也遵循金庸的原则；但到后期，就简化了针对物理的部分；可以发现后期古龙小说的技击，模仿吸收了许多日本剑客小说及美国牛仔小说的特色，主要在强调人与人从精神到身体的对抗，而不在意甚至忽略了一部分砍树断金等远程攻击。

当然啦，古龙与金庸在技击上，都不太现实主义。

技击的基本，比如架势、距离控制、步伐、移动、重心等细节（稍微学过的都知道，无论是拳击、散打、日本剑道、击剑还是西洋剑术，一定是先从这几个角度开练的），不过他们二位作者，都不是很在意；金庸的技击体系默认是远程攻击或近距离见招拆招；古龙成熟时期的技击体系默认是高度严密的精神准备以及快速出击的兵器。金庸（以及梁羽生）是在自己体系内的写实，看着一招一式很热闹，真打并非如此；古龙招式不多，主要仰仗氛围描写，但夸张得也不多。

如果论真实，也许《水浒传》最真实：一拳一脚，一棍一刀，那都是正常的练家子能使出的动作呢！

金庸比较喜欢剑客，古龙比较喜欢刀客！

剑客与刀客有什么不同呢？

嗯，剑客比较儒雅，讲究你来我往；刀客，那就比较江湖吧？

古龙后期小说里的人，多有被现实生活所迫、纠结不已的落拓江湖人。他描写打斗，并不一招一式，而是累积冲突和情绪，描绘氛围，剑拔弩张，然后瞬间结束——他只给出旁观者所见的效果。当事人的心情，是被省略的。紧张、短促、凶狠，结束。更像是美国西部片。

以及，古龙笔下的诸位，关心兵器和武艺的人，并不那么多。他们仿佛只是一批现代人而已，只是恰好会武功：陆小凤和楚留香忙于破案。郭大路、王动和燕七们忙着过小日子。傅红雪忙着追查公子羽的真相。小鱼儿忙着追查自己的身世。赵无忌忙着报父仇。李寻欢忙着拯救阿飞和摆脱自己的心结。古龙便如此，给主角们一个无朝代背景的江湖身份，给读者一个视角，让他们自己走江湖。

开句玩笑：如果将李寻欢的飞刀描述为左轮手枪，把他经常活动的区域描述成现代城市，将上官金虹描述为一个黑帮老大…… 似乎也没啥问题。

实际上，若将《决战前后》里的西门吹雪和叶孤城改为两个绝代枪神，描述他们要在故宫博物院约斗，把陆小凤形容成私家侦探…… 似乎也没什么不合理的。这就是一场西部牛仔式的决斗了吧。

如是，古龙的江湖，仿佛是一个披着古代背景的现代城市，或者西部牛仔世界。刀客仿佛 19 世纪阿根廷的匕首马贼，飞刀仿佛西部牛仔枪手，解决问题便是"好快的剑"，一招而决。

所以古龙中后期的武功，一点都不夸张——因为在他的小说里，武功已经没那么要紧了。

意大利姐姐点头说：所以金庸是古代背景的轻魔幻小说，而古龙是古代背景的城市人历险小说吧？

我歪着头想想，说：真要这么理解，也不是不可以……

同时自己心里嘀咕：果然中西文化交流，真是不容易啊……

风流人物

《天龙八部》第一佳人

一

首先得说的是，所谓佳人，乃是一个活物。汉朝皇帝不解风情，以为看个画图便能辨出佳人，才使毛延寿等辈有机可乘，放出昭君便宜了单于。如今敷妆鲜活霓裳羽衣外加 PS 打光的美少女们，论样貌怕比祖贤青霞阿姨等的旧照好看得多。然而回头一看《青蛇》，一看《笑傲江湖》，那两位熟女只一举杯浅笑，立刻就把诸位宇宙无敌超桃花美少女给压下去了。关于这个，古龙有一段写得极确：

> 只见她眉目如画，娇靥如玉，玲珑的嘴唇，虽嫌太大了，广阔的额角，虽嫌太高了些，但那双如秋月，如明星的眼珠，却足以补救这一切。她也许不如铁心兰的明艳，也许不如慕容九的清丽，也许不如小仙女

> 的妩媚……她也许并不能算很美。但她那绝代的风华，却令人自惭形秽，不敢平视……只见一个身披霓裳羽衣的仙子，在满天夕阳中，飘飘而来，一只红顶雪羽的白鹤昂然走在她前面，一只驯鹿，依依跟在她身后，温柔的暮风，吹乱了她的发丝，她伸出手来轻轻一挽……就是这么样轻轻一挽，已是令天下的男人都为之窒息，只是这么样一幅图画，已非任何人描叙得出。她生得也许并不十分美，但那绝代的风华，却无可比拟。

所谓风情，便是举手投足歌笑颦叹之间的风致了。若徒然对着容貌发呆，就落了个“痴”字。佳人者，或衣袂飘举于白露蒹葭之间，或丰肌玉骨于素衣重幕之后，或青衣窄袖于酒炉之前。容貌只占其中一小部分，而其浑然天成的味道，才是权衡“佳人”的标准。

先谈《天龙八部》。一开场左辛斗法，钟灵横空出世。一个十六七岁的青衣姑娘，“笑靥如花”，估计身形尚未长成。举手投足间都是小女孩风格。放貂，请吃瓜子，扯谎撒娇，只见可爱而已。被神农帮捉了，段公子伸手去握她脚踝时，心中一动。可见钟姑娘身段未见如何，但脚踝是极好的。说起来还是纯情小女孩角色罢了。到后来几次出场，都脱不了女孩本色。几年后少林寺一见，也没法让段誉分心。估计成长有待时日。

适合少年男子邂逅之后，一起拉拉手逛逛街看看电影的那种小姑娘。

无量剑有个葛光佩，和师兄干光豪私奔，被段公子听见。后文有记，葛姑娘门人都在聊她，还掺杂有什么“小白麻皮，脱成个小白羊似的”之类句子，可见这姑娘颇有风情，虽然庸脂俗粉，也引得门下众人对其性幻想不已。

玉像、李秋水、王夫人、王姑娘等且留后述。至于什么平婆婆之类阿姨，所谓“这种陈年宿货，兄弟我没有胃口”。

钟灵的妈妈“容色清秀”，说话也算温柔。到了后文，虽然心猿意马，还是对段王爷一脸庄容，不许这登徒子乱亲。结果偶尔对灯开怀，泄了心事，被段王爷在地道里听个正着。被段王爷一抱一亲，立刻乱了方寸:“我随你做小贼去，做强盗去，便做一天，也是好的。”容貌虽不惊天动地，但这种温婉执拗、用情极专的性格，其实很是引人。只可惜这样的佳人常不如冰山美人或者辣姑娘显眼，所以往往被错过。生活中常见这类温柔巧妻伴拙夫眠。阿弥陀佛。

木婉清姑娘是书中极品。敢穿黑衣的女子，身段都差不了。木姑娘“身形苗条”，而且“语声清脆动听”“眼亮如点漆”，未解面纱，已是迷人。骑黑马，种玫瑰，满身异香。冷若冰霜，泼若男子，属于性格魅力。等到了危急时刻，段誉一解她衣服，肩背一露，“肌肤晶莹如玉，皓白如雪”，窈窕身段配冰肌玉肤，已经接近完美。偏段公子眼福好，看到“如新月清晕，如花树堆雪……秀丽绝俗”的一张脸。“新月清晕，花树堆雪”，这八个字可谓繁华。金庸以这种等级的字眼来正面形容女子的，印象里近乎绝迹。而段公子一看，心头乱震：“她实是个绝色美女啊。”段公子自己的妈妈乃是观音级别的美女，又长居王府，以他老爸之好色善品，府中侍女容貌绝对都是极品的。能让他心头乱震的美女，绝对够技术含量。

木姑娘展完容貌，性格大变。从泼辣冰冷，变得温柔凄婉。性格一对比，立见天真烂漫。而其美貌连岳老三这等大浑人见了，都道：“你把面幕盖上的好，不然让我多瞧几眼，大大不妙。”云中鹤更是直接，直接就扑上来抓。云中鹤色中饿鬼，阅女多矣，能让他冒着和岳老三互掐的危险而劫夺的女子，其美可知。甚至连叶二娘都“看她眼睛好看，且挖出来”地产生了嫉妒心理。叶二娘除了脸有抓痕，容貌也算得美了——玄慈方丈点头称然——居然也会对一个少女心怀嫉妒，木姑娘之美可知。

稍后还有补充：入大理城，段王爷见木姑娘，喝彩“誉儿眼光好”。又“原来是个野丫头”。木姑娘经段王爷和云四爷两位大色狼钦点，已经够等级了。而其自然纯真性格不减，又是个痴心女子。被段老大施了春药后，绕房间追着段公子要成就好事，整部作品中如是性感的场面也唯有梦姑可比。后文又两次出场，一次是在小镜湖对上萧峰，一次是在西夏国对上段誉。依然是一副酷状，而且美貌与异香不变。这等一个集清纯、绝色、窈窕、性感、泼辣、冷酷和痴心于一体的复杂女子，想着都不该配上段誉。只能为之可惜了。

木婉清的妈妈秦红棉，比她女儿泼辣些。容貌略凶恶些，而且练完段王爷教她的掌法还会发怒，不见段王爷时恨不得千刀万剐之，等见了段王爷又眉花眼笑，属于典型的单细胞女人。懒男人或坏男人最喜欢这等姑娘，但老了还如此就不可爱了。不提。

段王爷妻子刀白凤与秦阿姨一样好妒。秦阿姨属于刚型妒妇，提刀去砍；刀阿姨属于柔性妒妇，一会儿出家做道姑，一会儿冷嘲热讽。最要不得的是居然跑大理寺外菩提树下，去和一个邋遢化子成了好事。集开放、主动性和冷艳性感于一体，也是不能小觑的女人。少数民族姑娘烈性，至此方验。比起甘秦等诸位如夫人来，刀阿姨属于敢爱敢恨，外柔内刚的狠性儿，难怪可以束住段王爷，霸住正室。

叶二娘是个飘来飘去的人物，其作为帮凶和恶人的时候多。小镜湖畔和段王爷的几句对答很见风情，有些神龙教洪夫人神采。用情极痴，容貌又不至于差，年轻时当也是个好姑娘。萧远山曰："你本是个好好的女子……"

慕容复颇自恋，收的朱碧俩丫鬟也不是凡品。阿碧更文些，是典型的江南丫头。书里明写她容貌"颇不如木婉清"，但"八分容貌加十二分柔情，便不逊色于十分的美女了"。你说她摘藕采莲，划船弹琴，间带吴侬软语。如崔百泉类莽夫定然是瞠目不解风情，但段公子这种读过书的，就喜欢这种江南仕女。到了后文，揭出她竟是康广陵弟子，那么琴技一定也是不凡的。末尾处，众叛亲离的慕容复，犹有她照顾，不由让人鼻子一酸。碧姑娘痴心文质，是个极招人喜爱的小姑娘。只不过和钟灵一样，终究是小女孩儿小家碧玉的味道。聊天说话，当双儿般的丫鬟或者当程灵素式的兄妹还好，真要相好起来谈恋爱，怕就会让人觉得繁琐娇娜，不那么有趣了。所谓莲者，可远观而不可亵玩焉。

阿朱鹅蛋脸，容貌走娇俏路线，也不算极品的美貌，且不如阿碧的文气，但刁钻古怪犹有过之。在水榭里连扮几个人物，最后妆成老太太出来，把大轮明王折腾个够。为人还善，几次为无亲无故的段公子求情。又有易容和模仿声音的拿手好戏，随便调戏一把赵钱孙之类。为了公子，忠心耿耿地去偷《易筋经》。等到了萧峰手里，立刻尽展其温柔一面。萧峰反出少林之后，正是人生最低谷处，戾气极重，情感激荡，若不是阿朱从旁调和，恐怕萧峰早已垮了。而且乖巧懂事，有做丫鬟练出来的聪慧伶俐，又天生比阿碧大气些，能包容萧峰一片孤愤之气。与店小二一通斗嘴是她最后可爱的绝唱，临了青石桥一掌误终身，等于为萧峰平安殉情。其痴又在阿碧之上。综合来看，阿朱比阿碧更适合当伴侣。其性格温柔，为人伶俐谨细，而且雅擅厨艺，性格中又有温厚一面，做妻子亦不妨。萧峰曰：“列国四海，千秋万载，便只这么一个阿朱。”慕容复天性凉薄，能收到如此好的两个姑娘，也算运气佳了。

太行山的谭婆奶奶是个妙人。年纪虽老，性子暴躁，却对师兄和丈夫犹且分心不下。年轻时大概也是个秦红棉似的。至于她究竟叫小娟还是阿慧，只有赵钱孙和谭公知道。

二

接下来便要提到本篇的主角之一，“亲亲小康”“马门温（康）氏”“淫妇”康敏阿姨了。康阿姨如是出场：

> 轿中缓步走出一个全身缟素的少妇。那少妇低下了头，向乔峰盈盈拜了下去，说道：“未亡人马门温（康）氏，参见帮主。”乔峰还了一礼，说道：“嫂嫂，有礼！”马夫人道：“先夫不幸亡故，多承帮主及众位伯伯叔叔照料丧事，未亡人衷心铭感。”她话声极是清脆，听来年纪甚轻，只是她始终眼望地下，见不到她的容貌。

俗话说：女要俏，一身孝；男想俏，一身皂。白色极阴柔，等闲女子谁敢穿它？为大郎戴孝的潘金莲，扶灵北上的林妹妹，差不多是够资格穿白了。这马夫人一出场便矜持冷艳，而且礼数周到，极是难得。后面杏子林中，商议乔峰身世，偶尔一言，诛心刻骨。冷艳已到极点，比起朱碧王三位姑娘，吸引人多了。

乔峰在聚贤庄摆下酒碗，割袍断义：

> 大厅上一时鸦雀无声。各人均想："我如上前喝酒，势必中他暗算。他这劈空神拳击将出来，如何能够抵挡？"一片寂静之中，忽然走出一个全身缟素的女子，正是马大元的遗孀马夫人。她双手捧起酒碗，森然说道："先夫命丧你手，我跟你还有什么故旧之情？"将酒碗放到唇边，喝了一口，说道："量浅不能喝尽，生死大仇，有如此酒。"说着将碗中酒水都泼在地下。乔峰举目向她直视，只见她眉目清秀，相貌颇美。

便这一段，一个酷到十分的女子已经出形了。天下群雄，少林神僧，五湖四海的豪杰，面对着酒碗不敢上前，乔峰之威风凛凛至此尽绝矣。而马夫人冷然而上，不卑不亢，毫不怕对面一掌过来送她性命。"生死大仇，有如此酒"。居然有易水畔荆卿悲歌慷慨之意。金庸十五部中有哪个女子酷煞到如此的场景？容貌一现，虽然穿孝无妆，却是"眉目清秀，相貌颇美"。正是一朵白色刺玫瑰。

等萧大爷和阿朱赶到信阳时，又见了一次马夫人。"但见她眉梢眼角间隐露皱纹，约莫有三十五六岁年纪，脸上不施脂粉，肤色白嫩，竟似不逊于阿朱"。自古美人如良将，不许人间见白头，遇到这女子却无效用。须知此时萧峰正对阿朱钟情，

“列国四海，千秋万载，便只这么一个阿朱”，马夫人在萧大爷心里能与阿朱并列，是极品女子了。后面说话，泫然欲泣又或参谋用计，都是随心所欲，可见这女子心思灵敏。

马夫人的绝唱惊才绝艳，匪夷所思。前头大段全是补白：阮星竹如何娇媚好俏，秦红棉如何咬牙切齿。段王爷一向是对身旁女子情深义重，居然能舍下阮阿姨，私跑去信阳。按理说褚万里刚死，段王爷被大恶人打得身上有伤，当知检点才是。佳人，伤情，悲事，岁月，都阻不了咱大理段二的脚步。答案是什么？却是：

> 桌上一个大花瓶中插满了红梅。炕中想是炭火烧得正旺，马夫人颈中扣子松开了，露出雪白的项颈，还露出了一条红缎子的抹胸边缘。炕边点着的两枝蜡烛却是白色的，红红的烛火照在她红扑扑的脸颊上。屋外朔风大雪，斗室内却是融融春暖。

而这里，萧峰的视角看到的是这样的人：

> 她越说越低，萧峰只觉她的说话腻中带涩，软洋洋地，说不尽的缠绵宛转，听在耳中当真是荡气回肠，令人神为之夺，魂为之消。然而她的说话又似纯系出于自然，并非有意的狐媚。他平生见过的人着实不少，

真想不到世上竟会有如此艳媚入骨的女子。萧峰虽感诧异，脸上却也不由自主的红了。他曾见过段正淳另外两个情妇，秦红棉明朗爽快，阮星竹俏美爱娇，这位马夫人却是柔到了极处，腻到了极处，又是另一种风流。

若只有两个字来形容，简单得很，是谓“风情”。

世上女子多矣，故作媚态者也有，但如马夫人这般“纯系出于自然，并非有意的狐媚”，那是天赋使然。金庸十五部中，江湖儿女或英气飒爽，或温柔婉约，或活泼灵巧，但如这样“缠绵婉转”的，除了马夫人外，算来算去，怕也只有神龙教洪夫人一个而已。至于其他的媚女，什么苏菲亚、蓝凤凰、何铁手之类，就都要逊一个档次——我也曾转念间想到杨莲亭身畔的东方教主，只是……只是……好吧，你了解的……

与段王爷那段柔情蜜意，能把萧大爷都看得脸红心跳，可见康敏着实不凡。到后来杀机已现，咬人肩膀，依然是缠绵婉转，这就非凡女所能了。所谓艳若桃李、毒若蛇蝎，率多此类。但咖啡倚苦才香，烈酒刺喉引醉。马夫人这种冷艳到柔媚的极致转变，接着美女蛇身份一现，反而勾魂夺魄起来。

等到白世镜现身，萧远山伸爪，阿紫放蚂蚁之类把戏过后，萧大爷和马夫人终于同榻而坐，开始解谜。那时马夫人粗口连声，垂死挣扎，可怜之极。见了自己丑颜，愤而惊死，那是对自己的美貌始终信心十足的表现。

另加几点前因后果，可以一说。除了正面叙述之外，我们可以通过一些旁述来了解马夫人。首先，伊是丐帮副帮主夫人。大家须知，这马大元乃是汪前帮主用来节制萧峰的，地位颇高。而一个丐帮的人成家立室，建房子养老婆，若没有郭靖这种人当岳父后台，是要背极大压力的。马大元能为马夫人牺牲成这样，颇为难得。

再说那好色无厌的段王爷，光棍眼里不揉沙子，能背着阮星竹跑来信阳，可见马夫人的魅力在段王爷诸情人里怕是顶级的。

再想想，丐帮执法长老白世镜，那是何等样人？前头几回里，侠肝义胆、铁面无私，护乔峰、执法刑、救阿朱，那是着实的一条好汉。结果马夫人一揭底，什么“你身上的月饼，自是甜过了蜜糖”之类风情话儿一出，才知这原来是个闷骚好汉。闷骚归闷骚，能令这视名誉和道德胜过性命的白长老，做出江湖中最忌讳的杀友夺妻勾当，这女人简直是不可思议了。甚而至于，马夫人还提到跟全冠清睡过一晚，还去请徐长老出头。全冠清鼠辈固然不足论，但徐长老，亲娘咧，那可是八十七岁老大爷了。马夫人又如何能搞定他的呢？

最后着眼的一点是萧峰自己了。萧大爷自来不好女色，当日在嵩山下解了阿朱衣裳在人胸脯上乱抹药，都还脸不红气不喘，猛可间见了马夫人和段王爷轻怜蜜爱，一下子居然脸红了。

而且也承认马夫人“颇美”“竟似不下阿朱”。够客观了。

综合一看，这位年已三十五六，肌肤不下阿朱，柔媚金书里第一，时而盈盈泫泣，时而森然冷语，时而缠绵婉转，时而利牙如刀咬人肩膀，从小就有独占欲的康敏，乃是个大大的尤物。段白萧等诸位大爷都在某种程度上为其美色所惊。列位，须知段白萧这几位年纪不小，早过了少年血气方刚见个美少女就痴的地步。可见这康敏虽然已到中年，其身上自有媚惑之极的力量。单在《天龙八部》里，怕只有木婉清和少女版李秋水可比。

三

小康绝代尤物，一个人搅和了整整十来回书，终于还是被毁了容颜，羞怒而死。那直接害死她的阿紫，却从此开始纠缠小康一直垂涎的萧大爷。朱紫二位姑娘，和她们老妈性格颇似。爱俏活泼，用情既深又毒，心计叵测。阿紫初一登场，就是无事生非，缠褚万里，闹段王爷，笑语晏晏，尽是毒人毒语。等到阿朱将死，青石桥下唰地跳出来，居然还有说有笑，令人心寒。对付小康，什么割伤痕、撒糖水，诸般水磨功夫，也只有蛇蝎心肠小美女做得出来。后面什么随手割了小二舌头之类把戏，当真是艳若桃李，毒如蛇蝎。

这么毒辣的一条美女蛇，大雪地里着了萧大爷一掌，立刻倒下，从此就开始半身不遂的赖床生活。走辽东，赴女真，伤略好一些，便又要去走草原，生生把姐夫逼成了南院大王。然后游家少爷登场。按这游家少爷，少年心性，见了紫姑娘这种幼齿小太妹，便一把爱上。不过这位少爷心志品位都不见佳，做不得数。紫姑娘负心薄幸，把人当陪练使唤。阿弥陀佛。

此后颠沛流离，说穿了无非是四个字：嫉朱缠萧。诸般花巧不必细表。临到末章，跟萧大爷纠缠离乱许久之后，终于剜目绝世，跳下悬崖去了。

按这阿紫姑娘，外貌清秀，但自言“身材尚未长成”，身段是必不见佳的。而且伤后憔悴，想必大类程家灵素姑娘。丁春秋对这丫头的评价是“这臭花娘”。大师兄摘星子也不过说她“可爱小师妹”，还是把人当小丫头哄。一双脚倒生得纤细柔美，引得游公子扑上去便咬。只不过前头说了，游公子这人文不成武不就，胆气低人品差，差有一日之长者，痴心而已。情人眼里出西施，瞪住这憔悴苍白小美女看个不住，也是有的。所以阿紫的相貌，比起她姐姐和阿碧来恐怕尚不及，更不必去比木婉清了。

说到性格，阿紫自私偏执，属于中情之毒那类，倒可和李莫愁一比。咬住萧峰不放松，外表刁钻尖刻，内心自有无穷心事。青石桥时语笑自若，对萧峰冷嘲热讽，然而到四十九回却自说“我那时便喜欢你”，可见少女怀春，自古皆然。跟错了师父，价值观与心智畸形，倒也情有可原。若做同学亲友，不免对她厌恶有加。但若做了她情人，大概阿紫类似于一个黄蓉的刁钻加强版。对于萧大爷般大男子想必是没什么吸引力的，但对于小男生或者老男人，这精灵巧笑毒若蛇蝎的，倒有种奇怪的吸引力。倘要举一例子，可以拿栗山千明在《杀死比尔》里演的 Gogo 为样本吧。

阿紫出现过后，书里女子凋零。萧峰北奔，辽帝南征，大金皇帝完颜阿骨打也是豪气干云之辈，一时都没什么女人了。辽国皇太后临阵慷慨陈词，倒是个了得的老奶奶，可惜老了那么几十岁。镜头迅速往后扫，嗯，想起来了。直到第三本快完，才又出来一个女子，却是函谷八友的石清露。

函谷八友，自康广陵以下，都有魏晋之风。实际上逍遥派诸人、黄药师、梅庄四友的丹青生，这些人都是金书里让人心折的性情之辈。八友之中，康老大懵懂天真，范老二、苟老三都是痴人，老四老六都沉默寡言，薛五最为中正，李傀儡是个戏子，最正常的大概也就是石清露了。那姑娘用起功夫来，是花粉所制的药物，使人眩晕却不伤性命，倒是菩萨式的善人。而且端庄文静，与邓百川互礼显得风度颇佳，大概是自甘宝宝和阿碧以来书里最正常的一个人物了。

四

石姑娘连带七位师兄弟一起被绑后，又一番寂寞无女儿。三十六洞七十二岛里那些个姑娘，恐怕也不是什么善类。《笑傲江湖》里有言“五霸岗上这些姑娘大婶，性子也和男儿们差不多”。那么想来洞主岛主们的女弟子，也不是什么可爱活泼之辈。有个什么仙子崔绿华，与卓不凡、不平道人沆瀣一气地出现，也不过是个寻常狠辣女子，最后飞刀被虚竹一一接住，还不知死地去拍人一掌，直接震飞。这种女子和平婆婆之辈一列去吧。

接下来便是那不同寻常的人儿了。从第一回开始就引人注意的天山童姥终于光降人间，被虚竹一把背起，满世界乱跑。也从这时起，这天上的老巫婆变成了人间的小女童，我们可以开始讨论她了。

乌老大说须有胭脂花粉送上缥缈峰，又说那里并无男人。私下揣测，大约出于两点。或者是姥姥体念峰上女儿情怀，允她们妆饰，或者是姥姥喜看红妆。无论哪条，都说明姥姥并非不通情理之人。对虚竹说话，一开口便是老女鬼声音，十足吓虚竹一跳。后来数番说话，都是老气横秋，跟袁紫衣初出场时一般，让人没法喜欢。而且用计之毒，手段之辣，把乌老大和虚竹玩得团团乱转，可谓知人善任，心机深密。喝起人血，毫不含糊。这个视觉冲击力实在太强，让人思之栗然。举一例子，君特·格拉斯《铁皮鼓》里的奥斯卡便是此类。越是小孩儿外貌，其内心邪恶的对比越使人恐惧。

然而过了几天，姥姥成了十七八岁美女。“容色娇艳，眼波盈盈，直是个美貌的大姑娘了”。虚竹一提，姥姥“玉颜生春，双颊晕红，顾盼嫣然”，真是腻人也。段书呆若到这时早已“看得发怔，竟是痴了”。而且姥姥此后一段“你这人迂腐之极，半点也无圆通之意”。这话可漂亮得很了，大有黄老邪风度。

临到被李秋水追上断腿，姥姥与虚竹同奔西夏内宫，藏冰窖，传生死符等都是小节，最妙的莫过于姥姥争强好胜，九十六岁老太婆和个小和尚铆上了，这点与黄药师和周伯通的耗力，简直可做比照。临到最后，居然使出梦姑这招，简直匪夷所思。书中明写姥姥到老还是处子之身，却在这里对男女之事了如指掌，轻易推送，当真便叫李天王抱定鬼子母，比丘尼恋上了阿罗汉。比起王婆给西门庆出的狗屁挨光计，更为简单直接。古龙《多情剑客无情剑》里故弄玄虚，说什么林仙儿知道多少多少种对付男人的法子，跟姥姥一比也是小儿科罢了。

细分析一下天山童姥这人。容貌是不必说了的，“容色娇艳”云云，早放那里了。胸中才学，行事风格，倒颇有女黄药师的气派。身材无法长高，是当年被李秋水背后一喊受惊所致。这一点是绝大遗憾。最引人的莫过于十六七岁那段，容色既娇艳，谈吐又不为世俗所羁，是个颇大气引人的姑娘。有一点值得注意的是，李秋水以绝世姿容，依然对姥姥有所忌惮，故要大喝一声，使之无法发身长高。则姥姥少女时的魅力可见一斑了。

九十六岁时的姥姥固然是陈年宿货让人没了胃口，但设若八荒六合唯我独尊功能使姥姥定在十五六岁，则其诱惑力大有可为。克里奥帕特拉令庞培注目时不过十余岁，雷哈布九岁为娼，杜十娘十二岁坐馆，海伦十四岁和忒修斯第一次私奔，纳博科夫《洛丽塔》中女主角与亨伯特相遇时不过十二岁，《这个杀手不太冷》里的娜塔丽·波特曼，《美国丽人》里的安吉拉·海耶斯，都是童颜妖女的典范。姥姥若以十五六岁之姿容令不知情者见了，想必也能够吃定一方吧。

说回梦姑。这姑娘的出场真是鬼神莫测，再也想不到童姥会用如此绝法。对不起得很，以下要大量引用了。

> 伸手去一摸，着手处柔腻温暖，竟是一个不穿衣服之人的身体。……喉音娇嫩。……那少女道："我……我……好冷，你又是谁？"说着便往虚竹身上靠去。……左手扶住了那少女的肩头，右手却揽在她柔软纤细的腰间。……虚竹但觉那少女吹气如兰，口脂香阵阵袭来，不由得天旋地转，全身发抖，颤声道："你……你……你……"那少女道："我好冷，可是心里又好热。"……童姥哈哈一笑，道："这位姑娘今年一十七岁，端丽秀雅，无双无对。"……那少女拍手笑道："好啊，你是我的梦郎，我是你的梦姑。这样的甜梦，咱俩要做一辈子，真盼永远也不会醒。"……这三天的恩爱缠绵，令虚竹觉得这黑暗的寒冰地窖便是极乐世界，又何必皈依我佛，别求解脱？

肌肤、身段、声音，都是极品了。容貌方面，姥姥的品位说出“端丽秀雅”四字，那是定评，不必怀疑。这姑娘说道“好冷”，那么想必是没服什么阴阳和合散之类怪药，姥姥大约也没变态到要逼人吃什么药。那这姑娘媚态风情、纯正活泼兼而有之，那是天赋异禀，勉强不来的。所谓天生尤物是也。举金庸十五部，能有此等媚者，康敏、苏菲亚等有限几人而已。

这银川公主到得后来，又大发榜文，招选驸马。招驸马时，西夏皇帝出来陪酒，做个样子便走，可见心绪不佳。又可见这姑娘确是痴了：为了一个梦中男子，忤怒父王，榜行天下，定要求一个如意郎君。虚竹这福享得可实在大了。银川公主唯一确定，是写得过隐了些。举凡金书之中，隐写如胡夫人、凌霜华、银川公主、冯衡等，大多比主角要显得更明亮夺目些。所以综合来看，这姑娘虽然引人，却还是不如小康和木姑娘那样鲜活得浮凸出来。

姥姥宫中梅兰竹菊等姑娘其实大可以略过，无非是小丫头们打闹而已。再往后算，宋太后是女中尧舜，和辽太后倒可辉映一时。掐算至末，乃是辽国穆贵妃。这女子未语先笑，最是俏媚。而且讲话聪明，极知进退。“皇上待我这么好，我还要什么赏赐呀”，这话让男人听得心里一直舒服到头顶。穆贵妃只出场一会儿，每一言一行都带笑，对阿紫曲意奉承，对辽帝轻声细语。虽然做的是恶事，然而实在不算恶人。端的是个厉害女子。

五

最后，就该讲李、萝、王这一脉相承的姑娘们了。

王姑娘、王夫人、李秋水这一系列产品首次亮相，乃是在无量山洞里。彼时段公子胸揣钟姑娘绣鞋，耳听干葛二位亲热，吧唧滚下山来，还封了一棵松树做七大夫八大夫，正在狼狈之际，猛地察觉了无量玉璧的秘密，所谓柳暗花明是也。一推门，噌地就见一个宫装美女拿剑指他胸口。这一惊非同小可，却也从此着了孽缘。试看这段，两个印象。一个是段公子之痴，对着雕像满口对不起，典型的宝二爷附体；一个是无崖子手笔之妙，居然把玉像雕得“眼中隐隐有光彩流转，神色难以捉摸，似是情意深挚，又似黯然神伤”。

我们局外人占了便宜，手摇蒲扇闲翻书页，自然看得容易。但往里细看，这逍遥二仙居住的地方珠玉遍布，水晶为窗，又在东壁刻《庄子》，后房还有书屋？可惜里头秘籍都被搬去还施水阁，供电脑王姑娘参阅了。单说这地方，品位非凡，怕在黄老邪之上。无崖子与李秋水住这里，可算神仙日子了。只不过我有一桩未曾参透，无崖子既然雕像以意淫，何必塑成持剑指人状？

段公子初见玉像，只是一吓。被其目光所迷，看个不住，才磕头求拜。经书出来，里头裸女之像，可见李秋水聪明，居然用春宫诱人学艺，那也是自曝其身，糟践无崖子报复之意。但这处却是个小细节，权且寄下。

却说造化弄人，命途多舛。段公子认了两个妹妹，被大轮明王请去苏州。一路与这位吐蕃大爷朝夕相处，二人虽同信佛，但共同语言想必不多，每日想象自己被烤做乳猪之状，日子大不好过。所以见了朱碧二女，已经豁然开朗，目为神仙了。所谓当兵三年，母猪赛貂蝉。临到曼陀山庄，但见：

> 段誉一见那女子的形貌，忍不住"啊"的一声惊噫，张口结舌，便如身在梦境，原来这女子身穿鹅黄绸衫，衣服装饰，竟似极了大理无量山山洞中的玉像。不过这女子是个中年美妇，四十岁不到年纪，洞中玉像却是个十八九岁的少女。段誉一惊之下，再看那美妇的相貌时，见她比之洞中玉像，眉目口鼻均无这等美艳无伦，年纪固然不同，脸上也颇有风霜岁月的痕迹，但依稀有五六分相似。

段公子见美女而惊，对木姑娘是一次，那是"心中一震"。而这一次张口结舌，却是为了王夫人肖似玉像之故。王夫人乃李秋水亲女，与乃母类似，那是正理。风霜易老，人又好杀，戾气太重，伤及温婉容颜，那也可以理解。之后举手投足，但见"痴、蛮"二字。痴是痴于山茶，痴于镇南王，蛮是蛮于负心，蛮于刀白凤，都属可以理解。比秦红棉还要恶悍得多，全无苏州姑娘的脾气，倒和乃母李秋水有一拼。

接下来，正主儿上场：

> 眼前这少女的相貌，便和无量山石洞中的玉像全然的一般无异。那王夫人已然和玉像颇为相似了，毕竟年纪不同，容貌也不及玉像美艳，但眼前这少女除了服饰相异之外，脸型、眼睛、鼻子、嘴唇、耳朵、肤色、身材、手足，竟然没一处不像，宛然便是那玉像复活。他在梦魂之中，已不知几千百遍的思念那玉像，此刻眼前亲见，真不知身在何处，是人间还是天上？
>
> 段誉站起身来，他目光一直瞪视着那少女，这时看得更加清楚了些，终于发觉，眼前少女与那洞中玉像毕竟略有不同：玉像冶艳灵动，颇有勾魂摄魄之态，眼前少女却端庄中带有稚气，相形之下，倒是玉像比之眼前这少女更加活些。

这两回书目叫作《向来痴》《从此醉》。大约段公子就此醉于王姑娘美貌，山崩地裂不撒手，海枯石烂不回头。然而仅这头一面，倒真没看出来什么味道。王姑娘不过是仗了容貌类似的便宜。莎士比亚《错误的喜剧》和狄更斯《双城记》里已经有过例子了，俩人容貌相同时，对异性的吸引力却可以完全不一致。段某一个呆子，看个容貌以为是神仙姐姐。这后头就开始漫长的三角恋。只不过段公子长期在和无形的慕容复做斗争，可谓苦也。

关于王姑娘的文字太多，无法一一述说。反正属于头脑懵懂的傻姑娘。“端庄中带稚气”，说得极确。满口武功背得滚瓜烂熟，遇事比起朱碧二人来犹且不如，脑子之慢倒和段公子类似。什么去救阿朱阿碧反被仆妇吊起，听香水榭说破诸保昆行藏导致其被打，被姚寨主几句话骗得傻劲毕露，对包三哥羞辱段公子不闻不问，都属于人品一般，智商偏低的表现。中了悲酥清风后被段公子救了，只知道大吹空话，拿虚幻中的表哥来吓唬对面的假表哥。呜呼，我只能为慕容复的忍耐力表示佩服，若换了旁人在磨房，看这女子拿着自己胡吹大气，色厉内荏，早一刀毙了。

阿朱入少林寺偷《易筋经》，甘冒大险，差点丧命。说到后来，无非为了公子不受罪。王姑娘满口表哥，心思既不如阿碧细腻，又不如阿朱大胆，整天江湖上东游西荡，也不知究竟想做什么。居然保得活命，实在了得。第四本书了，终于出场。慕容复二十八九岁年纪，外表人中龙凤，结果一出场就被丁春秋诱得险些自杀，立刻让人怀疑王姑娘品位。此后无非作为慕容复的跟班加武术数据库，东跑西颠，乱七八糟。邓百川、公冶乾、包不同、风波恶，都是英雄好汉，一门心思复国，却得每天莺燕不已，被个王姑娘跟在身边，那得多不舒服。有点经验的现代男生都知道，一群想做大事四处活动的老爷们，被个小女生跟着，已经够烦了，偏还不能得罪她。易大彪临死交榜文，慕容家已决定去西夏做驸马，还得假意不让王姑娘知道，讨她欢心。别人还可，包不同、风波恶二人乃是直言无忌的好男儿，居然也要委屈伏低，真替他们不值。

少林寺大会，慕容公子被星宿派一围，王姑娘又是典型一累赘。慕容复暴打段王爷和岳老三，一脚踩住段公子，王姑娘居然大声喝彩。天哪，段公子一救王于曼陀山庄，二救王于磨房，三救王于洞主岛主之手，居然性命悬于一发之时还听到人在喝彩？等段公子跳起身来，神剑制敌，王姑娘只知道满口乱叫，“段公子手下留情”了。段公子果然手下留情，慕容复又扑过来要拼命。结果被萧大爷长手一抓，直接扔一边去。段公子之对王姑娘，可谓言听计从。却不料王姑娘一回头道：

> “段公子，你又要助你义兄、跟我表哥为难么？”言辞中大有不满之意。适才慕容复横剑自尽，险些身亡，全系因败在段誉和萧峰二人手下，羞愤难当之故，王语嫣忆起此事，对段誉大是恚怒。

就王姑娘这种声口脾气，能在江湖上晃荡而不掉性命，真运气得可以。段公子遵其意，饶慕容不死，险些自己小命归西，绝对是以命博美人一笑的典范了。居然还遇到这女子不分青红皂白，张口就刺，着实是颠倒黑白。阿珂虽然无情无义，终究是韦爵爷有过在先，而且手段无赖。段公子为了你王姑娘，王孙荣华、身家性命，全然不放在眼里。纵算他书呆子一个，纵算你忘了救命之恩，纵算你心中不快，好歹家教在那儿，多少算大家闺秀，蛮不讲理比阿紫和建宁公主都有过之而无不及。

白雪公主是世上最脆弱的女主角，被继母拿梳子来毒，丝带来勒，末了毒苹果一下弄死了。王姑娘比白雪公主还不耐对付，一听说慕容公子要去当驸马，一抹眼泪就跳崖。乖乖隆的东，险些连累了云老四、段老大和岳老三一起没命。云老四故了也就罢了，段老大主角之父，岳老三大好男儿，陪你一小婆娘撒娇使性子玩命，那可大大不值得。好容易救条性命，半夜里又思跳池。段公子跳出来，说一句“我来抢这西夏驸马做便了”。舍己为人，成全你王姑娘情愫，到这里至矣尽矣，蔑以加矣。王姑娘感动，便握着人家段公子的手，结果出来句糊涂废话：“但愿来生……”这种空头支票也只哄得段公子这般书呆罢了。

枯井边上，慕容复把段公子扔将下去，随即图穷匕见，自陈乃李延宗是也。王语嫣犹自搞什么投体入怀、细语软央的勾当。慕容复不肯，王语嫣转身跳井。死时不忘多一句“段公子，我与你死在一起”，自欺欺人，莫此为甚。死前还不甘心，内心指责慕容复“凉薄如此”，却是笑话了。

回头试站慕容复角度略思一下。慕容复一心复国，四大家臣苦心跟随，王夫人又一向冷淡。王姑娘到处腻着慕容复，已经够笑话奇谈的了。人多笑段公子纠缠王姑娘，却不想王姑娘女流之辈，名分不定地腻着慕容复，又待如何？几次三番，慕容复被人话语挤兑时，王语嫣都出声示语，显得“这武艺我也晓得”。慕容复东奔西走，招揽人心，做尽小人，其所求者，立南慕容之名，聚大军复燕。每日被你这小丫头在旁边三言两语抢风头，让人以为慕容家还不及一个小姑娘，大削慕容复面子。这等极细微事，换朱碧二姬早便明了。王姑娘既深明慕容复，还是这么着，只能说这姑娘笨而自私，不过是个女版段誉，黏人身旁而已。等人要去做西夏驸马了，立刻哭闹之，跳崖之，跳井之，一哭二闹三上吊一起上来，全不为慕容复考虑一二。建宁公主虽然蛮横，关键时刻，韦爵爷说一，决不说二。连韦爵爷自己都说“便说自己是玉皇大帝，公主必也应承”。王姑娘不知仗了谁的势道，不爱者弃若敝履，爱者死缠烂打。视其对段誉之凉薄，对慕容复之不恤，那也不用说了。

枯井之中，王姑娘使一个神龙摆尾，瞬间心变，急扑段公子怀抱。当年绝情谷龙儿一去，杨过立刻和程陆约定兄妹名分，不易其志；黄蓉貂裘没于黄沙，郭大侠也没有反身去抱华筝；令狐冲直用了十多回书才把任姑娘真放进心里；袁相公与九姑娘同衾而眠也没忘自家好妒温青青。纵然说金庸笔下多南兰等辈水性杨花女子，但纪晓芙、李文秀、紫衫王、周芷若等毕竟更多。王姑娘几分钟前还在上面对慕容公子“投身入怀”，一会儿却对段公子吻来的嘴唇“宛转相就”。对比远方馆驿里痴心不变的木婉清，真是伊于胡底了。

王姑娘一跟了段公子，戏份基本就是无意义的了。后头倒是她老妈出场多些。按段王爷的记忆，她老妈乃是个难缠人物，比修罗刀还要狠些，非得杀了刀白凤为正室不可。是谓妒妇，不在温青青之下。然而这位叫作“阿萝”的王夫人，对段王爷之情毕竟不浅。见段王爷不忍，居然还要求正在杀害自己情敌的慕容复“快救活了她”。最终挺身撞剑，对段王爷之情可谓刻骨铭心。又转过一遭，当年段王爷弃了她，她便自立一个曼陀山庄。虽然天赋不佳，对花丝毫不懂，品位低俗，架不住用情似海深，对负心者割脚活埋，对茶花重金购置。仅论用情和排场方面，真是对段王爷最好的一个。性子刚烈，不下秦红棉母女。而最后自杀殉情的，也不过是她和刀白凤二人而已。

最后说李秋水了。这大概是全篇伏笔埋得最长的人物。自第二回出现玉像、北冥神功和“秋水妹”字样，直到第四卷中途出场，隐蓄可谓久了。一出场：白衣，身形苗条婀娜，声音轻柔婉转。光声音身段两项立刻压倒童姥。兼且“眉目甚美”。就算你逍遥派自无崖子以下，都有驻颜之术，八十多岁老太婆能保持这身段，也是异事，大可和武则天媲美了。

李秋水的容貌乃是玉像摹本，不必多言。姥姥说她有少年相好，但李奶奶自说“早都沉没湖底”，那也不过是拿来气无崖子的，类似于周芷若借宋青书做凯子。语音之温柔与下手之狠辣，大概可以和何铁手相比。我觉得有两个点颇值得一说。

一是童姥神功将成时，李秋水使传音入密，大搞色情攻势：

> 突然之间，李秋水语音变得温柔之极，说道："好师哥，你抱住我，嗯，唔，唔，再抱紧些，你亲我，亲我这里。"虚竹一呆，心道："她怎么说起这些话来？"只听得童姥"哼"了一声，怒骂："贼贱人！"虚竹大吃一惊，知道童姥这时正当练功的紧要关头，突然分心怒骂，那可凶险无比，一个不对，便会走火入魔，全身经脉迸断。却听得李秋水的柔声昵语不断传来，都是与无崖子欢爱之辞。虚竹忍不住想起前几日和那少女欢会的情景，欲念大兴，全身热血流动，肌肤发烫。

八十多岁老太太还能这么玩，属于天赋异禀。老而能媚者，除了李奶奶，《鹿鼎记》里一个何铁手罢了。试使马夫人再活五十年，怕也媚不起来了。可以想见李奶奶当年娇媚风姿。又，无崖子这人品位高极，杂学兼通，文武全才，能将他束在身旁过小日子，这也殊为不易。虽按李秋水所言，无崖子所恋者，李家小妹子也。但毕竟李妹子幼小，不过是满足了无崖子洛丽塔式的畸恋之情而已。只看玉像能把段公子迷得跪倒在地，便可以想象李奶奶少女时的样子。那是一个床笫间娇媚无限，上厅堂琴棋书画，登玉壁翩翩剑舞的仙子级完美女人。

关于李奶奶—王夫人—王姑娘的外貌，我觉得颇还值得说道一下。玉像是李奶奶自己，有其妖冶迷离的美感。段公子初见之下不如何，但久看之后，便心智被迷，扑通跪倒。王夫人和王姑娘容貌一脉相承下去，和李秋水容貌八九不离十。但前者失之妒悍，后者端庄中带稚气，都是傻样儿。最有参考价值的是段王爷。段王爷好色不倦，多蓄内宠，对王夫人也没有格外垂爱些，可见王夫人没什么超于其他诸位阿姨的魅力。

哪位说了，王姑娘最美，因为她是神仙姐姐，让段公子一见销魂。我这里就不大能同意。首先，李秋水—王夫人—王姑娘容貌类似，没哪儿显示出李秋水和王姑娘隔代遗传。段公子之恋王姑娘，非为其美，而是因为其与神仙姐姐类似。而神仙姐姐的容貌，并不像木姑娘“花树堆雪”般令人观之“一震”，而是凭其目光勾人，属于风神和气度。很可惜，王语嫣显然不具备这种媚惑之力。而且，段公子对神仙姐姐的恋慕，很大程度是因为：

但见帛卷上赫然出现一个横卧的裸女画像，全身一丝不挂，面貌竟与那玉像一般无异。段誉只觉多瞧一眼也是亵渎了神仙姊姊，急忙掩卷不看。过了良久，心想：“神仙姊姊吩咐：‘以下诸图，务须用心修习。’我不过遵命而行，不算不敬。”于是颤抖着手翻过帛卷，但见画中裸女嫣然微笑，眉梢眼角，唇边颊上，尽是妖媚，比之那玉像的庄严宝相，容貌虽似，神情却是大异。

段誉躺在地下，见到帛轴和裸体男子的图形，登时想起了那个给自己撕烂了的帛轴，心想："身上的穴道经脉，男女都是一般，神仙姊姊也真奇怪，为什么要绘成裸女之形，而且这裸女又绘上自己的相貌？"隐隐觉得不妥，似乎神仙姊姊有意以色相诱人，教人不得不练图中的神功，自己神智迷糊中将帛轴撕了，说不定反而免却了一场劫难。只是如此推想未免亵渎了神仙姊姊，这念头只在脑海中一闪而过，再也不敢多想。

宋朝时礼教大防，观郭靖反对龙杨之恋可知。段公子虽然是王府中人，大概也没看过什么春宫之类。练凌波微步和北冥神功，翻来覆去地看李秋水的裸女图，自然情根深种，意淫成癖。又兼段公子本是宝二爷转世，不屑皮肤滥淫之蠢物，就此对李—王的容貌产生眷恋，也属寻常。以前有朋友对我道，之所以喜欢苏菲·玛索，盖因少年时观看过彼法国美女的一两部若隐若现的边缘片。少年血气方刚，初见这类东西，最易犯相思病。所以，我觉得段公子死恋王姑娘，非为其容貌超卓出众，乃是因为其"初裸"之故。

回头细分一下吧。李秋水—王夫人—王姑娘三位，论品貌，三位年轻时一般，加上气度风神，李居长，王夫人和她女儿大致相若。论到内涵品位，李秋水在整部书里都不做第二人想，而王夫人类于秦红棉，王姑娘不过一兼备数据库存取功能的温柔版阿珂。相比起来，怕还是王夫人年轻时烈性专一，对男人吸引力大些。——只要想象下，若段公子或慕容复身故，王语嫣可会为他们俩独造一个曼陀山庄？不可能。

叙罢《天龙八部》，下面自须一一颁奖。在我心中，银川公主与李秋水都是虚写多于实写之人，但二人都是天生尤物，痴心烈性，却又能温柔可人，故这西夏双姝并列第二。木姑娘清丽绝俗，天真烂漫，痴心一许，可排第三。至于第一，只好颁给身兼酷、媚、毒、娇、冷、热、傲、黠、美于一体的，世上无双尤物，小康马夫人了。

黄蓉后来变讨厌了吗

许多人觉得,《射雕英雄传》里，黄蓉很可爱；到了《神雕侠侣》，就不那么可爱了。

一种简单的概括法则是:《射雕英雄传》里，黄蓉是个女孩子;《神雕侠侣》里，当妈了，就不可爱了。

其实不然。

归根结底，是因为:

《射雕英雄传》里，读者是站在黄蓉和郭靖视角的，自然看黄蓉做什么都合适。

《神雕侠侣》里，读者是站在杨过视角的，自然看黄蓉做什么都不对。

如果尝试转换到第三视角呢?

《射雕英雄传》里，黄蓉其实也不是善男信女。猜忌不少，心思百变。她怕穆念慈爱上郭靖，试图以毁容威胁过穆念慈，虽然后来成了好朋友，还恶作剧地将穆念慈推向了杨康。

郭靖当日为花剌子模满城百姓求情，黄蓉认为郭靖爱的是华筝，愤而离去，还害郭靖去流沙地里找了她许久。

在《射雕英雄传》里，黄蓉就是个做人略带邪气，经常不管旁人死活，只要“靖哥哥不生我气就好”的女孩子。她明白跟郭靖说过，只求自己开心，他人的事儿才不管。

为什么会显得可爱？因为《射雕英雄传》里，她的诡谲和任性，主要是针对欧阳克、沙通天、欧阳锋这些反派角色。那些反派越是挨整，大家看得越开心。

如果真有欧阳克的拥趸，发现自家偶像的腿都被黄蓉压断了，一定也不爽吧？

反过来呢，《神雕侠侣》，大家不爽黄蓉，在于她对杨过不怎么好。

但是，我们细细琢磨下：

黄蓉第一次对杨过有迟疑，是这个细节：当时，郭靖一见面，就要直接把郭芙许配给杨过。

> 黄蓉柔声道：“好在两个孩子都还小，此事也不必急。将来若是过儿当真没甚坏处，你爱怎么就怎么便了。”

郭靖站起身来，深深一揖，正色道：“多谢相允，我实是感激不尽。”

黄蓉也正色道：“我可没应允。我是说，要瞧那孩子将来有没有出息。”

……

……

黄蓉见杨过低头出神，脸上有一股说不出的怪异之色，依稀是杨康当年的模样，不禁心中生憎，寻思：“他父亲虽非我亲手所杀，但也可说死在我的手里，莫养虎为患，将来成为一个大大的祸胎。”

黄蓉不想骤然把郭芙许配给杨过。因为杨过的父亲而对他产生疑虑。这是黄蓉对杨过不友好的开始。

站在杨过角度，自然觉得黄蓉千不该万不该。

可是站在黄蓉角度呢？想想杨康当年做的那些事，是不是也觉得情有可原？

哪位会说了：罪不及儿女，黄蓉应该给杨过一些机会呀。

很好，看看黄蓉第一次见杨过时的样子。如果你是黄蓉，你会愿意把女儿许配给他吗？

郭靖叫道：“小兄弟，别忙走。你身上余毒未去，发作出来厉害得紧。”

那少年最恼别人小看了他，给郭芙这两句话刺痛了心，当下昂首直行，对郭靖的叫喊只如不闻。郭靖抢步上前，说道："你怎么中了毒？我们给你治了，再走不迟。"那少年道："我又不识得你，关你甚么事？"足下加快，想从郭靖身旁穿过。郭靖见他脸上悻悻之色，眉目间甚似一个故人，心念一动，说道："小兄弟，你姓甚么？"那少年向他白了一眼，侧过身子，意欲急冲而过。郭靖翻掌抓住了他手腕。那少年几下挣不脱，左手一拳，重重打在郭靖腹上。

郭靖微微一笑，也不理会。那少年想缩回手臂再打，哪知拳头深陷在他小腹之中，竟然拔不出来。他小脸涨得通红，用力后拔，只拔得手臂发疼，却始终挣不脱他小腹的吸力。郭靖笑道："你跟我说你姓甚么，我就放你。"

那少年道："我姓倪，名字叫作牢子，你快放我。"郭靖听了好生失望，腹肌松开，他可不知那少年其实说自己名叫"你老子"，在讨他的便宜。那少年拳头脱缚，望着郭靖，心道："你本事好大，你老子不及乖儿子。"

黄蓉见了他脸上的狡猾惫懒神情，总觉他跟那人甚为相似，忍不住要再试他一试，笑道："小兄弟，你想做我丈夫的老子，可不成了我的公公吗？"

郭靖好心想给杨过治伤，杨过因为讨厌郭芙，于是不愿意，还嘴上讨郭靖便宜。

如果杨过不是主角，假想你是黄蓉，初见面就被人这么无礼谩骂，你会觉得他这么做有趣得紧，应该把女儿许配给他吗？

大胜关再见之后，黄蓉对杨过的态度，是这样的：

黄蓉见他神色惊疑不定，拉着他手，叫他坐在身边，柔声道："过儿，你有很多事，我都不明白，若是问你，料你也不肯说。不过这个我也不怪你。我年幼之时，性儿也是极其怪僻，全亏得你郭伯伯处处容让。"说到这里，轻轻叹了口气，嘴角边现出微笑，想起了自己少年时淘气之事，又道："我不传你武功，本意是为你好，哪知反累你吃了许多苦头。你郭伯伯爱我惜我，这份恩情，我自然要尽力报答，他对你有个极大的心愿，望你将来成为一个顶天立地的好男儿。我定当尽力助你学好，以成全他的心愿。过儿，你也千万别让他灰心，好不好？"

杨过从未听黄蓉如此温柔诚恳的对自己说话，只见她眼中充满着怜爱之情，不由得大是感动，胸口热血上涌，不禁哇的一声，哭了出来。

黄蓉抚着他的头发，柔声说道："过儿，我甚么也不用瞒你。我以前不喜欢你爹爹，因此一直也不喜欢你，但从今后，我一定好好待你，等我身子复了原，我便把全身武功都传给你。郭伯伯也说过要传你武功。”

从此开始，黄蓉一直待杨过很好。

然而，杨过如何呢？他听了傻姑的话，认定是郭靖与黄蓉杀了他父亲，一心要报仇。回到襄阳，意图谋害郭靖。当时黄蓉对杨过起了疑心：

黄蓉道：“朱大哥叫芙儿来跟我说，这次过儿来到襄阳，神气中很透着点儿古怪，又说你和他同榻而眠。我担心有何意外，一直守在你窗下。我瞧还是别跟他睡在一房的好，须知人心难测，而他父亲……总是因为一掌拍在我肩头，这才中毒而死。”

她这儿怀疑杨过有问题吗？就在此前一会儿，杨过转的念头，看看多可怕：

“我将他刺死之后，再去刺杀黄蓉，谅她一个待产孕妇，济得甚事？大事一成，即可与姑姑同赴绝情谷取那半枚丹药了。此后我和她隐居古墓，享尽人间清福，管他这天下是大宋的还是蒙古的？”

想到此处，极是得意，忽听得隔邻一个孩子大声啼哭起来，接着有母亲抚慰之声，孩子渐渐止啼入睡。杨过心头一震，猛地记起日前在大路上所见，一名蒙古武士用长矛挑破婴儿肚皮，高举半空为戏，那婴儿尚未死绝，兀自惨叫，心想："我此刻刺杀郭靖，原是举手之事。但他一死，襄阳难守，这城中成千成万婴儿，岂非尽被蒙古兵卒残杀为乐？我为了报一己之仇，却害了无数百姓性命，岂非大大不该？"

转念又想："我如不杀他，裘千尺如何肯将那半枚绝情丹给我？我若死了，姑姑也决不能活。"他对小龙女相爱之忱，世间无事可及，不由得把心横了："罢了，罢了，管他甚么襄阳城的百姓，甚么大宋的江山，我受苦之时，除了姑姑之外，有谁真心怜我？世人从不爱我，我又何必去爱世人？"

杨过已经打算不管襄阳城百姓生死，来刺杀郭靖了。他知道自己这么做有多可怕的后果，依然决定如此。

还编出了"世人从不爱我，我又何必去爱世人"的歪理。

黄蓉这次怀疑他，简直再对也没有。这时候的杨过，和杨康、欧阳克们那种企图杀郭靖的反派，有啥区别？他可是已经打算为了自己和小龙女，不管襄阳百姓了。

实际上，杨过立刻谋刺了郭靖。结果不是犯罪中止，而是武功不及，未遂：

杨过从怀中缓缓拔出匕首，右手平胸而握，一步步走到床前，突然举臂运劲，挺刀正要刺出，只听得郭靖说道："过儿，你做什么噩梦了？"

杨过这一惊真是非同小可，双足一点，反身破窗而出。他去得快，郭靖追得更快，他人未落地，只觉双臂一紧，已被郭靖两手抓住。

第二天，他救了郭靖一次。

杨过心中乱成一团，突然间左手拉住朱子柳手中半截绳索，扑下城去，右手已抓住了郭靖的手臂。

这一下奇变陡生，但朱子柳随机应变，快捷异常，当即双臂使劲，先将绳索向下微微一沉，随即劲运双臂，急甩过顶。杨过与郭靖二人在半空中划了个圆圈，就如两头大鸟般飞在半空。城上城下兵将数万，无不瞧得张大了口合不拢来。

过两天，杨过又要杀郭靖了。先是怕郭靖逃走，利用郭靖对他的关心，骗郭靖救他：

杨过远立观望，突见汗血宝马疾驰而前，奔向郭靖，暗叫："不妙！"心想郭靖只要一乘上宝马，忽必烈便是尽集天下精兵也追他不上了。情急之下，猛地大叫："啊哟，痛死我也！"摇摇晃晃的似欲摔跌，随即低声向马光佐道："别说话，快走开！越远越好。"他那一声大叫运了丹田之气，虽在众军杂乱之中，郭靖必能听见，料得他听见后定然来救，马光佐倘若在旁，说不定给他一掌送了性命。马光佐很肯听杨过的话，虽不明白他用意，还是撒开长腿，向王帐狂奔。

郭靖听得杨过的叫声，果然大是忧急，不等红马奔到，立刻回过马头，又冲入阵，向杨过站立之处驰来。法王念头一转，已明杨过用意，让郭靖在身边掠过，不加阻拦，却回身挡住了他的退路。

然后，杨过又决定杀郭靖。这次同样不是犯罪中止，而是被拦住了：

杨过心想："倘若他拿住了忽必烈，蒙古人投鼠忌器，势必放他脱身。我再不下手，更待何时？"稍一迟疑，终于又问一句："郭伯伯，我爹爹当真罪大恶极，你非杀他不可么？"郭靖一怔，此时哪里还有余暇细想，顺口答道："他认贼作父，叛国害民，人人得而诛之。"杨过道："好！"更无半点迟疑，提起君子剑，对准他后颈便插了下去。突然眼前白影闪动，一棒挥来，将他长剑挡开。

然后，杨过又救了郭靖一次——在把郭靖拖住，谋刺了郭靖一次未遂后，被感动了：

> 他命虽垂危，还是顾念杨过，叫道："过儿，快去抢马，我给你挡住敌人。"
>
> 杨过眼见他拼命救护自己，胸口热血上涌，哪里还念旧恶？心想郭伯伯义薄云天，我若不以一命报他一命，真是枉在人世了。当即从他背上跃下，将君子剑舞成一团剑花，护住了郭靖，势如疯虎，招招都是拼命。

所以，杨过累计两次动手杀郭靖，两次阴差阳错未能成功——不是他自己放弃，一次是武功不及，一次是被他人阻挡了。

然后，救了郭靖两次——其中一次，是他自己把郭靖陷到如此境地的。

黄蓉对他的疑虑，恐怕不能说是错的吧？

说白了，杨过谋害郭靖（与襄阳全城百姓）两次犯罪未遂，然后有两次犯罪中止。

自那以后，黄蓉是这么对杨过的：她决定舍身给杨过换解药了——也是为了救郭靖。

斗地转念："过儿能舍身为人，我岂便不能？"当下转身慨然说道："龙姑娘，我有一策能救得过儿性命，你可肯依从么？"小龙女大喜之下，全身发颤，道："我……我……便是要我死……唉，死又算得甚么，便是比死再难十倍……我……我都……"黄蓉道："好，此事只有你知我知，可千万不能泄漏，连过儿也不能说给他知道，否则便不灵了。"小龙女连声答应。黄蓉道："明日你和过儿联手保护郭大爷，待危机一过，我便将我首级给你，让过儿骑了汗血宝马，赶去换那绝情丹便是。"

小龙女一怔，问道："你说甚么？"黄蓉柔声道："你爱过儿，胜于自己的性命，是不是？只要他平安无恙，你自己便死了也是快乐的，是不是？"

小龙女点头道："是啊，你怎知道？"黄蓉淡淡一笑，道："只因我爱自己丈夫也是如你这般。你没孩儿，不知做母亲的心爱子女，不逊于夫妻情义。我只求你保护我丈夫女儿平安，别的我还希罕甚么？"

小龙女沉吟不答。黄蓉又道："若非你与过儿联手，便不能打退金轮法王。过儿曾数次舍命救我夫妇，我便一次也救他不得？那汗血宝马日行千里，不到三日，便能赶到绝情谷。我跟你说，那裘千丈与过儿的父亲全是我一人所伤，跟郭大爷绝无干系。裘千尺见了我的首级，纵然心犹未足，也不能不将解药给了过儿。此后二人如能为国出力，为民御敌，那自然最好，否则便在深山幽谷中避世隐居，我也是一般感激。”

而杨过，是直到某一个瞬间，才真正算是脱胎换骨的：

郭靖脸色微变，顺手一拉黄蓉，想将她藏于自己身后。黄蓉低声道：“靖哥哥，襄阳城要紧，还是你我的情爱要紧？是你身子要紧，还是我的身子要紧？”

郭靖放开了黄蓉的手，说道：“对，国事为重！”黄蓉取出竹棒，拦在门口，心想自己适才与小龙女所说的那番话，她尚未转告杨过，不知他要出手御敌，还是要乘人之危，既报私仇、又取解药？此人心性浮动，善恶难知，如真反戈相向，那便大事去矣，是以虽然横棒守在门口，眼光却望着杨过。

郭靖夫妇适才短短对答的两句话，听在杨过耳中，却宛如轰天霹雳般惊心动魄。他决意相助郭靖，也只是为他大仁大义所感，还是一死以报知己的想法，此时突听到“国事为重”四字，又记起郭靖日前在襄阳城外所说“为国为民，侠之大者”“鞠躬尽瘁，死而后己”那几句话，心胸间斗然开朗，眼见他夫妻俩相互情义深重，然而临到危难之际，处处以国为先，自己却念念不忘父仇私怨、念念不忘与小龙女两人的情爱，几时有一分想到国家大事？有一分想到天下百姓的疾苦？相形之下，真是卑鄙极了。

霎时之间，幼时黄蓉在桃花岛上教他读书，那些“杀身成仁、舍生取义”的语句，在脑海间变得清晰异常，不由得又是汗颜无地，又是志气高昂。眼见强敌来袭，生死存亡系乎一线，许多平时从来没想到、从来不理会的念头，这时突然间领悟得透彻无比。他心志一高，似乎全身都高大起来，脸上神采焕发，宛似换了一个人一般。

他心中所转念头虽多，其实只是一瞬间之事。黄蓉见他脸色自迷惘而羞愧，自激动而凝定，却不知他所思何事，忽听他低声道：“你放心！”一声清啸，拔出君子剑抢到门口。

金轮法王双手各执一轮，站在屋顶边上，笑道：“杨兄弟，你东歪西倒，朝三暮四，成了反复小人，这滋味可好得很啊？”

若在昔日，杨过听了此言定然大怒，但此时他思路澄澈，心境清明，暗道：“你这话说得不错，时至今日，我心意方坚。此后活到一百岁也好，再活一个时辰也好，我是永远不会反复的了。”

以上，书里写得很明白了：

杨过初见郭靖，就是开口讨便宜，外加一副惫懒神气。加上他父亲的所作所为，黄蓉便对他存了疑心。这是人之常情吧？

此后，黄蓉明知道杨过另藏秘密，但也明告诉他无所谓，而且跟他认了错。

黄蓉再次怀疑杨过，是杨过确实准备谋害郭靖的时候。这次怀疑是准确的判断。

此后黄蓉因为被杨过救过，已经打算拿出自己的首级换杨过，其实也等于换郭靖的命了——说穿了，宁可自己死，求杨过放过甚至保护郭靖。虽然郭靖的伤也是为保护杨过而起的。

在杨过那句“你放心”之前，他自己都承认，自己是个非常自我，不管他人死活的人。黄蓉对他的疑心，也确实没有错。

在《射雕英雄传》里，黄蓉就是这样了。之所以当时大家觉得黄蓉不过分，是因为她当时对付的是欧阳克们，却忽略了：杨过在“你放心”之前，其实算半个反派。他就是要杀郭靖，甚至为此不管襄阳百姓生死、南宋兴亡了。

只是，《射雕英雄传》时，大家代入到郭靖黄蓉，觉得没问题；到了《神雕侠侣》，大家代入了杨过，就会觉得：“杨过明明是主角，而且小时候孤苦，做一些很自我的决定，嘴上讨便宜，也是可以理解的嘛，黄蓉怀疑他实在不应该。”

我们也可以说，“欧阳克不过是爱上了黄蓉，而且有些风流好色，干吗黄蓉老是怀疑他”，“杨康是完颜洪烈养大的，当然认自己爸爸啦，为了大金国，刺郭靖一匕首，帮着杀江南六怪中的五人，也是各为其主嘛”。

说到底，还是那句:《射雕英雄传》里，读者是站在郭靖的角度思考；而《神雕侠侣》里，读者是站在杨过角度思考。

如果黄蓉怀疑的不是《神雕侠侣》读者们代入的主角视角，而是一个，用杨过自己的话说是“自己却念念不忘父仇私怨、念念不忘与小龙女两人的情爱，几时有一分想到国家大事？有一分想到天下百姓的疾苦？相形之下，真是卑鄙极了”，且确实对郭靖动了两次手，阴差阳错未能成功的年轻人。是不是黄蓉就显得没那么讨厌了？

就像《倚天屠龙记》里，大家都觉得灭绝师太比谢逊讨厌。其实谢逊滥杀无辜，血债之多匪夷所思，但因为他是主角张无忌的义父，而咱们师太一直追着张无忌砍，所以灭绝师太格外讨厌。

更进一步。

许多时候，我们判断一个人，总是不自觉地，就从自身利害角度出发：那个人好不好，不看他的整体，而是“对我好不好”。

而我们做的许多是非判断，许多时候，是一种下意识的自我保护。

灭绝师太原是个美人

灭绝师太，原是个美人。

《倚天屠龙记》原文，师太出场时，金庸说她“容貌算得甚美”。却不是一般美，是“甚美”。

自然也有美中不足，“两条眉毛斜斜下垂……几乎有点儿戏台上的吊死鬼味道”。

为何甚少人意识到，师太原是个美人呢？

哪位说了，师太是反派呀。然而李莫愁、梅超风与康敏，都算反派，大家却还记得她们美。

哪位说了，师太有年纪了。然而师太原也不甚老，出场时四十四五岁而已，徐娘半老。她在万安寺圆寂时，不过五十来岁，怕也不比梅超风大。然而大家印象里，总是老着一辈似的？

大概是因为，师太的作风，刚烈凛然，不让须眉，以至于简直成了无性别女子了吧？

关于师太的细节，我们所知不多。大略有：

——她恩师风陵师太，是郭襄祖师的徒弟。

——她俗家姓方，兄长是河南“金瓜锤”方评，被谢逊所杀。

——大师兄孤鸿子被杨逍气死了。杨逍还轻蔑了倚天剑，当场扔在地上。

没了。

单从身世，很容易推想出一串故事：也许师太生性古板；兄长与师兄都被明教坑死，从此痛恨明教；咬牙切齿要灭了明教，光大峨眉？

但这些似乎无法支撑她老人家，一涉及正邪之争便歇斯底里的形象。

似乎得从郭襄说起了。

郭襄四十岁后，创了峨眉派。那时她父母姐弟俱丧，十六岁那年的烟花已成往昔，神雕侠侣也绝迹江湖。收了徒弟叫风陵师太，也不过聊表对风陵夜话初闻杨过的回忆而已。

那种氛围，说风陵师太是个槁木死灰的性情，也不奇怪。否则，怎么会给自己的徒弟，起灭绝这样的法号呢？

猜测一下，灭绝师太年少时是怎样的呢？

灭绝师太并不喜欢多嘴多舌的毒手无盐丁敏君，也不太喜欢老实巴交的静玄。她喜欢的纪晓芙和周芷若，都是聪明有悟性，缜密有算计，然而内心飞扬，会爱上魔教少年郎的人。

自尊心强的师父喜欢的学生，往往与自己年少时相同。越自尊，越如此。

不难想象的是，年少时，灭绝师太生得美，又是武林世家出身；有版本提到她年少时，跟师兄孤鸿子有婚姻之约。那时，想必她也如少女时的纪晓芙，少女时的周芷若吧。

然后，兄长与师兄都死在魔教手中。

不难想象的是，对灭绝师太这种名门正派而言，兄长与师兄的死不仅毁灭了她的世界，而且永久地剥夺了她幸福的可能。名门正派的姑娘不大好改嫁。周芷若被张无忌扔在了拜堂仪式上便歇斯底里，灭绝师太遭遇的远为严重。

应该是从此开始，她明白了江湖多么残忍现实。周芷若是在被张无忌抛弃后苦练武功，到屠狮大会大开杀戒的；灭绝师太是在生命中最关键的两个男人死去后，开始成为现在的样子。

如果您接触过一些上了年纪的女强人，大概会注意到，越是崇奉强权的场合，女强人越少女性味道。谈吐做事，都已经男性化了。这不奇怪。男性的世界本就如此，说一个女强人“比爷们还爷们”，算是夸人的话。

当她自己的思维和逻辑都男性化之后，灭绝师太终于走到了最后一步：她的女弟子们地位远高过男弟子；她对女弟子们跟男性，尤其是魔教男性可能的瓜葛，深恶痛绝。

一种可以猜测的心态是这样的：

许多生活单一的长辈，对小辈的多种选择很是敏感，甚至排斥。无他，比如一个人一辈子被迫只吃萝卜，自然会自我暗示，使“只吃萝卜”内化为真理；有可能的话，也要让周遭所有人只吃萝卜。因为若承认“也可以不吃萝卜”，那么这位长辈一生的牺牲，便没意义了。

于是灭绝师太走了极端。除了将魔教斩草除根，她不接受其他可能。纪晓芙与周芷若被她看作曾经的自己，所以当纪晓芙拒绝去坑害杨逍时，灭绝师太选择了亲手结果纪晓芙，却对外说是杨逍杀了她——这是对外欺骗，也是自我欺骗。

在师太内心里，的确是杨逍逼杀了曾经的自己。

这就可以解释，师太最后为什么会死在万安寺了。

万安寺大火，张无忌救出六大派，师太本可以趁势走脱，但范遥为了救她，传了点绯闻，被玄冥二老嚷得天下皆知。师太大怒，觉得清誉全毁。于是之后跳塔时，自己救了周芷若，又不接受张无忌的救助，死了。临死前，她如是说：

> “魔教的淫徒，你若玷污了我爱徒清白，我做鬼也不饶过……”最后一个“你”字没说出口，已然气绝身亡，但手指仍然不松，五片指甲在张无忌手腕上掏出了血来。

注意一个细节。

她自己救了周芷若，然后死掉，宁死没让自己和周芷若受张无忌半点恩惠。

爱徒的清白为何那么要紧呢？

因为，如上所述，在灭绝师太那里，纪晓芙与周芷若，都是年轻时的自己。

她很矛盾。在这个只相信强权与结果的江湖上，她让自己变得人见人怕；她一门心思要光大峨眉，灭了明教，但终生之憾，即她的兄长与师兄，以及随他们而去的生活，终究回不来。她为周芷若与纪晓芙先后设计了“你用美色诱惑魔头，然后达成目的”，说明她在意的是结果。

但与此同时，她又想让纪晓芙与周芷若永久性地与年少时的自己那样纯真清白，不会背叛自己。

在另一个故事里，林平之因为灭门惨案，从一个风流少年变成了复仇魔鬼。他对令狐冲的恨，大概也就是“明明我可以跟你一样潇洒，可是却得为复仇失去那么多”。同理，灭绝师太曾经很美，但因为破碎的生活，她变成了一个铁面人。但她还是想让纪晓芙与周芷若成为自己，那个虽然美，却还没愤世嫉俗、满腔仇恨的自己。所以当张无忌身上所带的魔教阴影向周芷若袭来时，她宁死不屈地救下了周芷若：只要周芷若还清白着，就像年轻时的灭绝师太自己还在似的。

殷离和她的不想要

“那都是很好很好的，可是我偏不喜欢。”

这句话是李文秀说的。

然而金庸小说里，最有资格说这话的，是殷离。

当日张无忌四女同舟何所望时，周芷若与赵敏互相看不上。可是她们一时都抢不到张无忌：因为殷离在前头呢——张无忌早答应了，要娶她为妻。

因为她来得最早：张无忌还是个带病少年时，天下除了武当派的诸位，无人多看他一眼。周芷若给他喂了饭，算是种下一点情愫。但殷离却更早：手上被咬了一口，就此爱上了他。

张无忌还是曾阿牛时，是个断了腿满脸胡子的丑八怪。天下无人多看他一眼，只有殷离，给他送饭，跟他闹着玩，为他去杀了朱九真，临死前的愿望，也只是看他一眼。

后来张无忌成了明教教主，光明顶排难解纷当六强，一时武功名声光耀天下，赵敏和周芷若都在抢他。好笑的是，他却已经跟殷离许了婚约，真是好生尴尬。

四女同舟时，殷离重伤时，如此呓语：那时她在纠结着，曾阿牛和张无忌，要哪个才好？

“无忌，求你跟我去啊，跟我去罢。你在我手背上这么狠狠的咬了一口，可是我一点也不恨你。我会一生一世的服侍你、体贴你，当你是我的主人。你别嫌我相貌丑陋，只要你喜欢，我宁愿散了全身武功，弃去千蛛剧毒，跟我初见你时一模一样……”

…………

“无忌，我到处找你，走遍了天涯海角，听不到你的讯息，后来才知你已在西域堕崖身亡，我伤心得真不想活了。我在西域遇到了一个少年曾阿牛，他武功既高，人品又好，他说过要娶我为妻。”

…………

“那个阿牛哥哥对我说：‘姑娘，我诚心诚意，愿娶你为妻，只盼你别说我不配。’他说：‘从今而后，我会尽力爱护你，照顾你，不论有多少人来跟你为难，不论有多么厉害的人来欺侮你，我宁可自己性命不要，也要保护你周全。我要使你心中快乐，忘去了从前的苦处。’无忌，这个阿牛哥哥的人品可比你好得多啦，他的武功比甚么峨嵋的灭绝师太都强。可是我心中已有了你这个狠心短命的小鬼，便没答应跟他。你短命死了，我便给你守一辈子的活寡。无忌，你说，阿离待你好不好啊？当年你不睬我，而今心里可后悔不后悔啊？”

周赵实在该庆幸她当日没醒。不然她一醒，发现张无忌就是曾阿牛，加上与张无忌先前的盟约，岂不是无法回头？

妙在小说最后，殷离并没有要张无忌——是殷离甩了张无忌。明明他就是她爱的张无忌，明明他就是她心里放不下的曾阿牛。但她心里明白得很：她爱的，是最初那个倔强高傲的张无忌，不是后来这个婆婆妈妈的张无忌。

为了那个倔强高傲、咬她一口的张无忌，她可以不要武功（天晓得她练千蛛万毒手多辛苦），不要曾阿牛（武功和人品都好），也不要这现成的、武功通天、声震天下的张无忌。

这个结局也是好玩：现成的张无忌，周芷若、小昭和赵敏都喜欢。殷离也承认他好，武功人品都好。但只要不是她爱的，她偏偏就是不要。

金庸小说里，多的是敢爱敢恨，撞了南墙不回头的好女孩子。黄蓉如是，小龙女如是，程灵素如是，胡夫人如是，阿紫如是，任盈盈如是，赵敏如是。但拧到殷离这份上的，少。她对自己最初的爱情太忠诚了，一点儿都不肯对命运迁就。

哪怕眼前就是张无忌，只要不是她喜欢的那个，她就是不要。

而她的心思，却也不难理解。

殷离对张无忌说过自己的身世：她是殷野王的女儿，母亲不得宠，自己又常被哥哥欺压。于是愤然动手，杀了二娘。母亲自尽来保护了她。于是殷离对父亲与哥哥，那是失望之极。她后来的刚强甚至极端，都出于此——有点儿像《都挺好》里的苏明玉……

而且她暗中的自我认知是不高的，常怀着一点儿心思：

“我妈的性命不是我害的么？”

她当日初见张无忌，是唇枪舌剑互相斗，觉得张无忌骄傲得很：

> 那小姑娘向他使个眼色，说道：“快谢婆婆饶命之恩。”张无忌哼了一声，道：“她杀了我，说不定我反而快乐些，有甚么好谢的？”那小姑娘眉头一皱，嗔道：“你这人不听话，我不理你啦。”说着转过了身子，却又偷偷用眼角觑他动静。

再加上那舍命的一口咬了手，从此种下了心思。

大概那时她也希望，自己可以如此骄傲吧？

但日后，她自己独闯江湖久了，又练了千蛛万毒手，自觉容貌丑陋了，加上一直以来，“我妈的性命是我害的”这点心思，她显出喜怒无常来。但前脚踢骂完了张无忌，后脚去为他杀了朱九真。然后临终想见他一面：

> “阿牛哥哥，你愿娶我为妻，似我这般丑陋的女子，你居然不加嫌弃，我很是感激。可是早在几年之前，我的心早就属于旁人了。那时候他尚且不睬我，这时见我如此，更加连眼角也不会扫我一眼。这个狠心短命的小鬼啊……”

性格刚直的女孩子喜欢男生，很容易走两个极端，一是找与自己极相似的，二是找与自己互补的。前者是最初的爱，后者则往往掺杂了感激。

对殷离而言，前一个是张无忌，后一个是曾阿牛。

但到小说最后，殷离死过又活过了，感激完了，终究还是决定要自己心里的那个。她当初雪夜里倔强地带她的曾阿牛逃命，未尝不是倔强得，一如当日咬她一口的小张无忌似的。

赵敏那句“我偏要勉强”，是整部《倚天屠龙记》最执拗的话。但殷离这句话，“你是个好人。不过我对你说过，我的心早就给了那个张无忌啦。”很温柔，却更决绝。

这才是真的，“那都是很好很好的，可是我偏不喜欢”。

黄药师为啥爱翻白眼

《射雕英雄传》里，黄药师很爱翻白眼。

完颜洪烈去讨好黄药师，然而：

> 但那人见他穿着金国官服，只白了他一眼，并不理睬。

这且罢了。但他给陆乘风武功秘籍之前，还要白一眼：

> 黄药师白了他一眼，说道："这个给你！"右手轻挥，两张白纸向他一先一后的飞去。

用姜文《鬼子来了》的说法："怎么说好话还没好脸呢？"原来，设定是这样的：

黄蓉深悉父亲性子，知他素来厌憎世俗之见，常道："礼法岂为吾辈而设？"平素思慕晋人的率性放诞，行事但求心之所适，常人以为是的，他或以为非，常人以为非的，他却又以为是，因此上得了个"东邪"的诨号。

这句"礼法岂为吾辈而设"，是有典故的：

籍又能为青白眼。见礼俗之士，以白眼对之。……籍曰："礼岂为我设邪？"——《晋书·阮籍传》

即，黄药师是按着阮籍写的。不拘礼法，翻白眼，原版照扣。

还怕我们读不出来似的，金庸又加了许多细节：

黄药师却是个非汤武而薄周孔的人，行事偏要和世俗相反。

"非汤武而薄周孔，越名教而任自然"，出自嵇康著名的《与山巨源绝交书》。

众所周知，嵇康跟阮籍是一伙的，阮籍肯对他加以青眼。

黄药师居住的是桃花岛，招牌武功是落英神剑掌。落英是什么典故？《桃花源记》，“芳草鲜美，落英缤纷”。陶渊明，隐士之首。

黄药师听灵智上人胡扯说黄蓉死了后，反应激烈。欧阳锋在旁边还刷弹幕补充：

突然听他哈哈长笑，声若龙吟，悠然不绝。

这一来出其不意，众人都是一惊，只见他仰天狂笑，越笑越响。笑声之中却隐隐然有一阵寒意，众人越听越感凄凉，不知不觉之间，笑声竟已变成了哭声，但听他放声大哭，悲切异常。众人情不自禁，似乎都要随着他伤心落泪。

这些人中只有欧阳锋知他素来放诞，歌哭无常，倒并不觉得怎么奇怪，但听他哭得天愁地惨，心想：“黄老邪如此哭法，必然伤身。昔时阮籍丧母，一哭呕血斗余，这黄老邪正有晋人遗风。只可惜我那铁筝在覆舟时失去，不然弹将起来，助他哀哭之兴，此人纵情率性，多半会一发不可收拾，身受剧烈内伤，他日华山二次论剑，倒又少了一个大敌。唉，良机坐失，可惜啊可惜！”黄药师哭了一阵，举起玉箫击打船舷，唱了起来，只听他唱道：“伊上帝之降命，何修短之难哉？或华发以终年，或怀妊而逢灾。感前哀之未阕，复新殃之重来。方朝华而晚敷，比晨露而先晞。感逝者之不追，情忽忽而失度，天盖高而无阶，怀此恨其谁诉？”拍的一声，玉箫折为两截。黄药师头也不回，走向船头。

黄药师这里唱的，是曹植写的歌。曹植生在建安，就在魏晋之前了。

敲着船舷唱歌，是《前赤壁赋》里的做派。

欧阳锋还特意说，黄药师这是“阮籍丧母，一哭呕血斗余，晋人遗风”。

很明白了：从翻白眼到反礼俗，满脑子魏晋风度嘛。

话说，金庸小说里，最具魏晋风度的，自然是《笑傲江湖》曲洋与刘正风，就是嵇康与阮籍的感觉。金庸安排他们不涉纷争，不容于残酷的斗争，于是拿《广陵散》做《笑傲江湖》之曲，被左冷禅追杀到携手而逝。正是当年嵇康被司马昭对付，“《广陵散》就此绝”的写照。

金庸特意安排令狐冲将《笑傲江湖》找人托付，也算为嵇康出一口气，吐胸中块垒。

其实，《笑傲江湖》中，隐士一党，如曲洋，如刘正风，如莫大先生，如令狐冲，如任盈盈，如梅庄四友，如祖千秋，都多少有些魏晋风度。

莫大先生，人在朝，而身在野。他神龙见首不见尾，没事抑郁地拉《潇湘夜雨》，何尝不是向秀的《闻笛赋》？

令狐冲是天生隐士，任盈盈躲在绿竹巷里自己弹琴，那自然是隐士了。

梅庄四友，丹青生好酒疏狂，又风度翩然；秃笔翁天真烂漫，只爱写字；黄钟公爱《广陵散》，最后都是被卷入斗争，直接自尽。祖千秋则是个刘伶似的酒徒。

和令狐冲相投的，大多都是隐士。

《笑傲江湖》，整个就是一部，斗争如何激烈，让隐士无法独善其身，只好出来做斗争的小说。

《天龙八部》，函谷八友，都是魏晋风度，放诞之极。老大叫康广陵，简直就是朝嵇康致敬的。他们八位，喜欢琴棋书画、读书唱戏，都入了魔了。

《倚天屠龙记》，五散人中周颠、说不得、冷谦，都是直抒胸臆的散仙。

金庸先生自己很入世，但对疏狂玄远，喜欢翻白眼的隐士，那是很喜欢的。因为有了他们，才能揭破左冷禅和任我行的荒诞嘛。

扯远了，说回翻白眼。

金庸给黄药师添加的这点邪僻的魏晋风度，通过翻白眼和说好话没好脸体现出来。这点个性，也就跃然纸上了。

从阮籍开始，翻白眼就代表着邪僻、不羁、不识相、傲娇；与此同时，公开看不惯礼俗的一切。黄药师就这么个人。

用我一个唐山朋友的话来说，翻白眼，说大了是跟世界，说小了是对眼前大家都知道却又不肯揭破的一切，公开表达这么个态度：

“少给我屁股后边夹扫帚，混充大尾巴鹰！”

金庸小说里，最棒的师父

《飞狐外传》里，赵半山是个好师父：本身侠肝义胆武功高绝不提，还一边克敌制胜，一边顺手点拨了胡斐，教了太极拳的秘奥，临了还不自居为师父，与胡斐拜了兄弟。这么个胖乎乎教知识还没架子论兄弟的好师父，少见，好。

苗人凤也不赖，眼睛都瞎了，可是几句指点，使一路刀法，加上用筷子来了次实战，让胡斐吃了一口白菜，就悟到后发制人的道理。

然而胡斐的功夫，主要来自于他那套祖传秘籍。这两位师父，属于关键时刻点拨型的，平时还得你自己来。

《连城诀》里，血刀老祖说是师祖爷爷，然而只管自己拈花惹草，压根不教功夫；丁典倒是个热血好大哥，还客串《基督山伯爵》里的法里亚神父，负责给狄云打开心结澄清事实，然而说到教学，不能算是好师父。狄云的武功，还是靠机缘多些。

《天龙八部》里，就没个好师父。一群人自顾不暇，众生皆苦。细想起来，乔峰那位汪帮主汪剑通是个好师父；天山童姥虽然用打骂和情色为饵，让虚竹苦不堪言，也算是不错了；扫地僧是个心灵好师父，但武功就算了。

《射雕英雄传》里，江南七怪教武功不得其法，洪七公和周伯通还好，但也不算顶尖儿。郭靖也是各类机缘加勤奋起来的。真正的好师父是全真教马真人：对郭靖耐心温厚，给郭靖打了极好的底子。

丘处机教了尹志平（新修版改为甄志丙）和杨康两个著名的弟子，就不提了。一个扑倒了小龙女，一个扑倒了穆念慈。丘真人这师父，培养出来的徒弟雄性荷尔蒙都有问题。

《鹿鼎记》里，陈近南顶天立地，但当师父就这样。阿九就没个当师父的样子。洪教主倒是有教学天分，可惜成果不大。韦小宝最好的师父，还是蝇营狗苟的官场啊。

《笑傲江湖》里，风清扬是个好师父，短时间让令狐冲领悟独孤九剑，但也得配合令狐冲高超的记忆力——他是逼着令狐冲现背的，真无赖哩。岳不群不提也罢。

《书剑恩仇录》里，袁士霄武功虽高，教出的徒弟陈家洛却远不及他。陆菲青、天山双鹰们教的女徒弟，武功都不过如此。一叹。

《侠客行》里没个好师父。谢烟客是个倔老头，很适合一起聊天，但做师父就算了。

《碧血剑》里穆人清身为师父，实在很棒了。但袁承志武功大成，还是靠金蛇秘笈，外加木桑老头的课外辅导。

《鸳鸯刀》里只有一对师父，就是林玉龙和任飞燕这对活宝。哪有夫妻边当老师边吵架呢？

这样，剩下的好老师决选者：张三丰、《越女剑》里的白猿、《神雕侠侣》里的神雕。

张三丰是个好师父，本身武功绝高，又擅因材施教，而且教起东西来，境界高，花样多。教出武当七侠不说，随手创一套书法，就能让张翠山学会了，去憋死谢逊，“我写不出来”。在武当山，现场教张无忌太极拳和太极剑，是了不起的。

但张三丰有个致命弱点：张无忌跟他之前，已是绝顶高手，张三丰只是给他开个窍。反过来武当七侠，没一个到达绝顶之境的。所以张三丰呢，理论知识有余，也是个好师父，有大量成功样本，但缺少绝顶人物案例。

白猿单靠和阿青斗剑，就能让阿青领悟剑法，成为古往今来最高手之一，千军不能抵挡，还间接决定了吴越争霸。但这货教学态度太差，还企图杀范蠡，阿弥陀佛。

最后，说到我们神雕雕兄了。

首先，杨过跟雕兄之前是什么水平？学那么多年武功，跟李莫愁打都没胜算，全真七子一级水平，还断了条胳膊。这么个人物，跟了雕兄之后呢？短时间，飞跃到了五绝水平。

如此匪夷所思的大幅度飞跃，金庸小说里从未有过。

然而，雕兄一只飞禽，居然可以让杨过在行动上领悟了“重剑无锋，大巧不工”，以及“草木竹石皆可为剑”。风清扬和张三丰需要口说手画的，雕兄靠翅膀就能做到了。

雕兄会给杨过捉蛇胆，让他提高功力！

张无忌的内功是打《九阳真经》来的。郭靖的内功是《九阴真经》一点点练的。这属于按教材来。而杨过呢？从李莫愁级别的内功到刚猛天下前二，雕兄的苦练，加上吃蛇胆吃出来的！

雕兄还很注重教学的多样化，比如，跟杨过过招、逼他去河水练剑、逼他去海中练剑、逼杨过用重剑等，忒智能了。

最后，雕兄从头到尾，一句废话没有，全靠行动——当然，它也不会说话就是了。

像这样，从长内功到练心法到抚慰心灵全包揽，从来不会多嘴唠叨，还跟你平辈论交，让你从李莫愁级别成长到五绝级别的师父，在你和妻子分居的十六年里代替妻子陪伴你。不逼你改论文，不跟你要钱，不对你动手动脚加以猥亵，没有一句废话，上课不签到，下课不拖堂，有资历但不倚老卖老，哪里找得到啊！

最后，神雕是唯一一个出现在书名里的师父——《神雕侠侣》，神雕啊！

你看就没有《倚天屠龙张三丰记》吧？

所以，神雕是绝对的金庸系列，第一师父。

淫僧与师太

《水浒传》里引苏轼小段子“一个字便是僧，两个字是和尚，三个字鬼乐官，四字色中饿鬼”。而且说来有理有据：和尚最闲，专一思量女施主们。按，苏轼这人既能和佛印对论牛粪，又有所谓“一屁打过江”的传闻，与和尚们最是亲密，大概不假？说回《水浒传》，五台山诸家和尚不茹荤酒，见了狗腿大喊“苦也”，都是些乖和尚，只是那智真长老端的是个伪君子，很值得人思量。到《西游记》末尾，如来拈着经书，亲口代徒子徒孙们要赏钱，纯属调戏人了。冯梦龙更是与和尚有仇，《三言》里头，和尚沾色，所在多有，不一一细表。

按说佛门中人，理想来说，该都和三藏似的，持斋守戒，把修禅当人生目标。可是《儒林外史》《水浒传》这些道尽世情的小说里，和尚庙就显得像个特殊机构。寺院供施主们赏花吃斋，偶尔出去营些道场业务。穷寺破庙，和尚也懂得奉茶请吃豆腐。“湖上虚堂开对岸，水边团塔映中流，留客烂猪头”，基本就是特色餐厅营业了。

所以也不能责问为啥如今有些大师满面油光了，盖自古以来，僧这东西就分三六九等。冯梦龙为啥爱把和尚写成淫僧？因为男女勾当，本是寻常；唯僧人犯了色戒，格外矛盾。李碧华《诱僧》中，如果没有僧人身份，电影里陈冲按倒了男主角，也没那种禁忌诱惑。

《飞狐外传》写的是清朝，少林早被招了安。掌门人大会上来了个端方中正的方丈，没啥说头。袁紫衣虽是尼姑，言笑不禁的，还紫衣纤腰，大大地不守清规。你若一身缁衣芒鞋，兼带三口一个阿弥陀佛，任你怎么“紫罗衫动红烛移”，胡大哥哪里会看得中你？《红楼梦》里智能儿再不规矩，大白日不敢和秦钟如何，而且躲在庵里。偏你袁姑娘事儿多，入了江湖不算，还带趁男人洗澡偷衣服。“芳心可可，只记着那小胡斐”。心口不一，前后矛盾。设若不是女主角，或者被灭绝师太见了，说她是个“淫尼”，大致不假了。

《雪山飞狐》里，宝树大师出场，拿来吓人的是满口“他奶奶的”，很给人感官刺激。诸位大爷听了惊讶，大概是平日里所遇的和尚，都是善哉善哉吧。天龙门和饮马川争风吃醋打架，死了个和尚。好和尚，不辞万里来辽东，任光头挨冻，也不是安分和尚。无非入了社团学了点武艺，表示不忘本罢了。也是个假和尚。

《连城诀》里，血刀门是个极邪恶的组织。说他们是和尚，简直只是单为了做暴力美学的对比效果。宝象随口一句“人肉又不难吃”，让人浮想联翩。此大师吃肉，比常人大有过之，人肉鼠肉皆不避，天生奇懒，满口粗话，真是和尚的极端反面。有其徒必有其师，血刀老祖简直是和尚所有特性的反面集大成者：动辄恫吓吹牛，妄语戒是犯了；杀戒不必多说；至于色戒，金书里若他不淫，便没一人称得上淫了。看他老人家披僧袍出阵，真让人疑惑他是不是玩无间来的。

《天龙八部》，淫僧惊现父子党，暂且搁下，先说旁人。黄眉僧金刚指厉害，算大理民间高手，等保定帝去谈条件，免了盐税，才去救人。此僧大概算是热情参政、上通国家领袖的民主人士，又有些类似日本太原雪斋类的“外交僧”。当然，此僧除了参政和武功，别的方面还算规矩。

大理天龙寺，是个神奇寺庙。早有人分析过，此寺等于大理真正内政核心集团，保定帝虽是皇帝，等于家庙里养了群半太上皇，凡事谨小慎微，也属寻常。段延庆残废了，一门心思连滚带爬，到天龙寺来求公道，可见天龙寺还类似于国会仲裁法庭。当然天龙寺的好处还是菩提树多，由得段大恶人和刀王妃成了好事，生了个孽障，回头泡尽了段王爷的诸家女儿，也算为刀王妃报一小仇。回头说，天龙寺诸大和尚参政议政不说，对武功还格外上心。看明王表演少林指法风回雪舞时，都心生馋意。可见修禅是假，隐居是真。大隐隐于寺，无非继续参研武功而已——实质无非是个大理武学皇家研究院。

又说少林寺。二、三、四代僧人都出息不大。慧字辈出了冰蚕主人这个大败类，活活一个猥琐版鲁智深。其他慧字辈平庸，也就罢了。玄难大师是达摩院首座，但酷爱犯嗔戒。听薛神医说句乔峰如何，就红起小脸儿急了，上去就使出“袖里乾坤”。玄寂大师和乔峰一起误杀了祁六，还强词夺理“都怪你杀了”，可称无耻。这二位和尚无非是学了身武艺，属于专业技能高超的少林寺干部，但思想境界相当不高。偏玄难对逍遥派众人都还存轻视之意，经常胡思乱想，自创结论，只能说是个打架尚可的寻常老僧了。比起虽然嗔戒奇大，但死时大彻大悟的玄痛，大大的不如。

玄苦大师是个热心肠，教出萧峰，被方丈逼问还不愿说谁杀了自己，是个好和尚；玄生聪明强干，行事果决，也是玄字辈里年少有成的一位。

让人头大的是淫僧父子党。先说儿子。虚竹初入江湖，真是唐僧再世。喝水念咒，见打就躲，大慈大悲，是个模范无比的和尚。吃了片肉喝了口鸡汤，都真心想呕，虽然有些拘泥小节不算通达，至少强过伪君子们。可是遇到心理变态的童姥，越是倔强，便越适得其反。于是搂梦姑、修武功、掌山头，一一亲历。简直是小说版的“小哥哥，你掉在河里的是金斧头、银斧头还是铁斧头”。

虚竹算被动的淫僧，而且直到最后，依然不脱一个小和尚的赤子心。但他爹却大大不同。做带头大哥去杀契丹人，姑且算他是爱国热情高涨，参与民间抵制辽国活动，可是跟叶二娘那事，就大大不对了。先是“紫云洞”“乔婆婆接生”。都做了和尚还能私下安排这么多事却瞒过少林群僧，真是精明赛过凤姐。领导除了心向佛祖外，还出去找一外遇。当然，若你是个员外郎，养个把外宅，只要没有母老虎打上门去，外人管不着；但当了方丈，白日坐坛说法，晚上窃玉偷香，只得说是淫僧了。最妙的是，叶二娘丢了孩子，在江湖上杀无数孩子取乐，他老人家不去阻止，却自顾在寺里练“袈裟伏魔功”，而且还沾沾自喜“虽然颇误禅修”，但这一拂如何如何精纯。任着自家情妇在外头杀人时还琢磨禅修，这也实在太无耻了一点。

大轮明王虽是和尚，但无非拿个和尚的身份蹭个吐蕃国师的名头，然后走到哪国政府，人都不敢怠慢。这样，至少他不必琢磨钱的来源，也永远不会如其他豪侠，遭受通缉、官方冷漠、没有靠山之苦。这和郭靖的好处类似：蒙古人见了宋朝人士，便扯刀来剁，见了郭大侠，连忙拜倒，大呼“金刀驸马”……方便得很。

《射雕英雄传》里，枯木和焦木都是典型的宋代和尚，和江南七怪有来有往，有官僚亲戚。自己还开班授徒，教陆冠英武艺。其实也就是个合法经营的工作室。一灯大师的话，刘贵妃说得好："躲在深山里做皇帝。"当然，南帝至少比天龙寺那些先辈们像和尚。慈悲为怀，而且还和师弟交流中外佛经理论，兼习武功，治病救人，而且戾气尽消，着实是个极好的和尚。

灵智上人剃光头的唯一用处是凸显他后脑的那块肉，然后让东邪西毒们抓着玩。

《白马啸西风》里貌似没和尚。通《可兰经》那位姑且算长老。

《鹿鼎记》里，皇帝和尚、公爵和尚们纷纷出台。清朝皇帝信佛者多，顺治和玉林、溪森这些和尚"有一腿"，确是有的。于是有了顺治这皇帝和尚。不过此人为情出家，又脾气暴躁，满口"早该废了她（太后）"，其做和尚也不快活可知矣。行颠是个李逵型和尚，不提。玉林和尚很有些黄眉僧的意思：上通帝皇的身份，处事冷静，这样的和尚不适合钻研佛法或出世修道，还是进内务府吧。

韦爵爷去少林寺做和尚，享尽特殊待遇，看遍诸生百态。晦明方丈简直就是《水浒传》里五台山智真长老，油滑世故，还故作高僧状。澄观却是个呆和尚，虚竹若不出山门，练个几十年，到老来就是他这模样。韦爵爷做和尚，至于闷到去嫖妓院，被一众满口葱蒜味的姑娘们围住，可见那时少林寺大概算得清规严明。

十八罗汉随韦爵爷出门，韦爵爷妥帖安置了食宿，诸和尚大为欢喜。可见和尚终究存人之常情，爱吃好的爱睡软的。真到目空声色境界看山不是山的，估计韦爵爷见了就怕。五台山其他和尚，被韦爵爷一把银票，就打得屁滚尿流，无非是普通法事机构而已。

似乎金庸不爱头陀，或是头陀名声都被武二郎绘得苍莽了。金书里头陀一个都不是好人，火工头陀、聋哑头陀都是旁门左道之辈。胖瘦二位头陀倒很好玩，虽然入了邪教组织被少年少女轻慢，被教主整容，但本性不改。瘦头陀色心炽盛，和年纪不小的假太后宫中厮混，被韦爵爷问起时还脸有得色，淫僧是也。胖头陀倒是极好的人，对师兄有情有义，对韦爵爷有礼有节，为人淳朴。虽然没念一句佛，却比许多假和尚正经得多。

阿九是个尼姑，大概是因为断了左臂，又离了情人，心如死灰吧。至于其守斋戒，倒真是清心寡欲的表现了，反正也没人有本事有资格管她。然而韦爵爷给她安排些吃的，终究会小挑剔一下。对吴三桂、李自成，恨意始终不息是正常表现。设若她真是目下无尘，那与行尸走肉也无异了，更不会在江湖上走动。遇不上韦爵爷，戏也没了。回到宫里，还能挂念袁承志。三千烦恼丝断了不过是头清凉些，心有所系魂有所牵，那是没法子了的——《白马啸西风》里，《可兰经》也没法子。

《笑傲江湖》里，僧不如尼多。少林那几位，方生大师是个朴实和尚，方证却是个极厉害的政治家。联冲虚，勾令狐，孤立岳、左，悬空寺一番话，厉害得很，本身武功也煞是了得。但他老人家像武学大师，像政治家，像一派之长，就是不像和尚。

不戒和尚有些鲁达样，但又格外霸道些，在《笑》这寓言里，纯是个一切反其道而行的人。自己是个和尚却不戒，生个女儿当尼姑了，又到处找姑爷，让女儿也不得守戒，简直就是来破坏和尚尼姑队伍整体素质的。至于把田伯光阉了逼他做和尚，简直无法无天，不讲道理。

恒山派那些姑娘，小母鸡似的咯咯嗒嗒，一个个没修成道，帮腔都很拿手，和桃谷六仙玩联口相声甚欢。仪琳则是缺法力的幼女版观世音，纯净温柔，是虚竹的少女版。金庸后记说仪琳之爱纯真，是他少见的一次对非女主角的评论——另一位是“最可爱的”小昭。仪琳很可以拿去做个佛学院广告，和小龙女放一起，然后对大家说：“来来请看，同样是不与外人打交道，一个念佛经一个不念，差别就是这么回事。”

定逸师太是一点儿也不逸，定闲师太倒是慈祥可人，通《笑》里难得的完人之一。人既通佛法，又通达善良、宽和慈悲，智慧武艺也不缺，真是百世一逢的好尼姑。善哉善哉。

《书剑恩仇录》，很有趣的一点，红花会道士、女子、秀才、商人都有，独缺和尚一味。少林俗家弟子倒有几位，可见那时少林已经远不是个修行之地，纯成了武术学院。好容易出现了一次少林寺，陈家洛单人闯关，但几位和尚都甚是脸谱。莽和尚、笑和尚、冷和尚都有。末了方丈天虹是个打机锋和尚，倒真的像个高僧。然而他老人家殉了寺，其他和尚闹嚷嚷就杀奔紫禁城去了。真有些邪派意思，甚不和谐。

《神雕侠侣》里，又一位“西藏圣僧”出场。且看《鹿鼎记》里的桑结，外加灵智上人、血刀老祖、吐蕃明王，咱只好说，金老爷子对西藏僧人甚不以为然，来的都是些除了光头没点和尚模样的。金轮法王和明王一样“文武全才”“武功绝高”，但比起明王明辩妙悟，他那些造型摆得甚差。抢牛肉喝荤酒咱就不提，西藏佛教与中土佛教不同，何况“荤”本就是葱姜等植物他不避也就罢了，主要是脑子不大好使。自始至终，此反派的目的都很奇怪。明王是好武成痴，终成孽障，一切无非追求天下无双。而他老人家，入中原先抢武林盟主，一会儿跟忽必烈做狗腿子，被打败了又回去练“蛇猪不若功”打算报仇。做啥事都半途而废，脑子昏天黑地。按这样的愤怒青年，只好说脑子不甚灵光了。

他弟子达尔巴也是，除了被杨过骗得拜地呼师兄外，一点儿都不佛家弟子——原来佛家给他的影响也就是信了转世？其他类似于行颠。

《倚天屠龙记》，从没看过哪本书有这样恶劣的少林派。开头，一群少林僧围郭二小姐，哪像出家人？山大王看见美人转山，都会上前搭讪探问肯不肯做压寨夫人，少林和尚偏出了手。等何足道一到，色厉内荏，人家画一棋盘就全寺抖似筛糠。等觉远退敌，又开始反攻倒算，急于除内奸，连海沙派都不如。

不讲道理，百年之后仍如是。龙门镖局里见了张五侠，不等问清先动了手，个个都是道德警察。组织大队人马上山给张三丰拜寿，亟亟地问谢逊，真是一副无耻嘴脸。除了空见外，另三大圣僧都不是啥好货。空智阴险奸诈，空性狭隘呆蠢，空闻城府似乎深，可惜没见啥内涵。到哪里都是一群秃瓢排得密密麻麻，仗少林二字吓人罢了，活该被殷素素死前一骗。

至于后山三渡，更是脸皮厚过嵩山。被成昆骗也就罢了，枉为圣僧，念念不忘盲目之仇。听说阳顶天死，立刻转身把气撒在张无忌身上。不讲道理爱迁怒如黄老邪，误以为女儿死了于是打算去杀江南七怪，大概和他们差不太多。妙的是，原委已说清，张无忌从河间双煞手下救了这三个秃驴，他们居然大言不惭，死撑在树下不走，言明："我们发了誓如何如何，必须打败才能如何如何。"如此大败亏输，承了人情面还死鸭子嘴硬的，无非和韦爵爷手下赵齐贤之类差不多而已。当然，赵齐贤脸皮厚度终究有限，而且是个直性子，赌输撒泼，不敌还去请韦大人出面，不脱"咱御前侍卫就是吃拿卡要"的本色。三个老和尚放走谢逊，居然还好意思大讲佛法，收谢逊为徒，张无忌居然还看得感动，只让人恨不能揪他耳朵问：你那口口声声喊得甜蜜的外公都念到狗身上去了？

彭莹玉、朱重八、说不得，明教里率多和尚，当然都还是风尘假和尚，身份拿来避祸而已。彭和尚对丁敏君一句“大丈夫做人的道理”，堪称《倚天屠龙记》最佳语录。

峨眉派，静玄、丁敏君这班人和恒山派那帮相去不远，只是恒山被令狐冲带成了活泼女生班，峨眉被灭绝带成了恶女特攻队罢了。灭绝师太与杨逍是否有小九九，诸家有传说在先，不提。只说这师太此时的动静：法号灭绝，带头的不慈悲；容貌甚美，身材高大，双眉下垂，又简直不让须眉到走极端。每日里驱逐蒙古、光大本门，典型的事业型女性。自己居然还知道身份是女尼，真是极大的反讽。看她老人家爱好公益事业又疾恶如仇，连带重女轻男，真不知道峨眉怎么光大——难道都收些清教徒？

关于师太的故事，诸家八卦在先了。按说她恨杨逍，则你可以推测：或者和孤鸿子有情，抑或对杨逍有意，经了死劫，从此成了心理变态老师太。于是每日里光大本门，驱逐蛮夷，事业型女性到了极点，观者不由且敬且怕。然而偶尔一想，她恨纪晓芙恋上杨逍，又恼周姑娘看中张教主，哪来得及对杨、张一一由爱生恨？回思她为人刚正不阿，动辄摆大义凛然的造型，比男人还男人，又对纪、周二位姑娘钟爱得很，只得微微疑心她除却性格偏执外，怕或者与海明威最敬畏的那位斯泰因阿姨类似，有些许女同之癖？

《鸳鸯刀》里有个小细节。林玉龙任飞燕二位活宝每日打架，捎带误伤劝架的，比袭家千尺强过百万倍。但教他们俩“夫妻刀法”的，却是一位老和尚。按此刀法风格酷似玉女素心剑法，又似《雪山飞狐》里二童所使的剑法。不知这老僧何处修来？只能唯一确定的是，他老和尚不是古墓派传人。要不然，他老人家出场，免不得如黄衣女般“箫长琴短衣流黄”“八女随驾乐未央”。

可怜如慕容复

《天龙八部》里，少林寺前三兄弟大战三反派，慕容复、游坦之和丁春秋，当然还有鸠摩智，是专门用来对照三兄弟的。

虚竹和段誉，都是无心插柳。对照丁春秋和鸠摩智汲汲于名。

丁春秋一心鹤发童颜，窃取本门秘籍，最后被虚竹生死符搞到号叫如野兽。

游坦之被情孽所缠，身受荼毒又自甘堕落。

而慕容复，却是最复杂的一个反派。所以三联版结尾，他还特意出现了一次。

他与三大主角，都是对照的。

慕容复是落魄王孙，汲汲复国，不择手段，不要王语嫣；段誉是正经王子，根本不在乎王国，只想爱王语嫣。

慕容复一心想收罗灵鹫宫门下群雄，还想去西夏求亲；结果虚竹宅心仁厚，不小心就得到了慕容复想要的一切。

慕容复一心复国，不惜鲜血荼毒；而萧峰无心插柳地成了南院大王手掌兵权，却懂得：

兵凶战危，世间岂有必胜之事？大宋兵多财足，只须有一二名将，率兵奋战，大辽、吐蕃联手，未必便能取胜。咱们打一个血流成河，尸骨如山，却让你慕容氏来乘机兴复燕国。我对大辽尽忠报国，是在保土安民，而不是为了一己的荣华富贵，因而杀人取地、建功立业。

本来慕容博的出家，对慕容复而言是一个契机。没有家族的王霸雄图压在他肩上，他本可以自由。但他还是继续走了下去。

三兄弟拥有的许多东西都是无心插柳。慕容复汲汲以求却得不到。

他走不出去，最后疯了。段誉当时还觉得，他这样反而幸福。

《天龙八部》整本书，都有寓言色彩。

讲悲悯，讲兵者是凶器，圣人不得已而用之；讲欲望对人的异化，暗示战争的无意义。

慕容复的动机是有点儿莫名其妙，但《天龙八部》里每个反派，都有些扭曲的欲望。

马夫人会因为萧峰不看她就想毁了他；叶二娘会因为自家孩子丢了，于是每天要杀一个孩子；童姥和李秋水这样的世外仙子，为了争男人闹到这个样子。

慕容复也只是又一个符号化的受害者，用来衬托三兄弟而已。

将他的执念，理解为家族历史加自我幻想加自尊等于走不出的魔圈，就好了。

话说慕容家的洗脑也挺成功的。稍微懂点儿燕国历史的人，看见参合庄这名字，都会心头一凉。

参合陂啊！这么血淋淋的惨烈字眼，国仇家恨，用来当自己的住址。这真是永志不忘了。

所以许多人说，慕容复可怜，可怜在他没主角光环，老是被三兄弟比下去。

其实他更可怜的是：金庸需要一个处处与三兄弟做比照的反派，所以才设计慕容复成这个样子：他有一个特别极端的欲望，吃的苦因此特别多。被虚竹截走一切，被段誉打到大败，还要被萧峰“我萧某大好男儿居然与你齐名”给羞辱一下。

他、游坦之和鸠摩智的悲剧，都是金庸有意为之——就像扫地僧是金庸强行机械降神，一个道理。

这种作者强行安排的寓言式悲剧，逃也逃不开。因为他背负了复国这个欲望，于是没法子了。

似乎他仅有的出路，除了结尾的发疯，就是从一开始，就别背负上这个魔咒——这个因为父亲压力而背负上，以至于自己背负太久，投入太多，于是无法割舍下来的魔咒。

在西夏，酒罢问君三语，很有道理。

问慕容复，最爱的是谁，最快乐的是什么时候。慕容复答不出来。因为他一生都投入在复国之梦里了。

许多人都是慕容复，只是程度深浅，不自知而已。想不当慕容复，也很简单，时常自问一下：

你最爱的是谁？最快乐的是什么时候？你现在汲汲追求的这件事，是你自己想要的，还是别人灌输给你的？做到你汲汲追求的这件事，真会让你快乐吗？

周伯通：机械降神

周伯通在金庸笔下的作用，主要是一个官方情节扭转器。

或者说，机械降神。

或者说，就是金庸自己。

以前希腊戏剧，编不下去了，拧成死结了，凭空来个神，三言两句，把问题解决了——机械降神。

许多剧里，都要有这么一个不可以常理推论的家伙，关键时刻挑起一切矛盾，又解决一切矛盾。

《射雕英雄传》这书，相对脸谱化，金庸先生自己说的。比如，黄药师是东邪，欧阳锋是西毒。黄药师不能设定去读圣贤书，欧阳锋也不能去给社区老奶奶送温暖。

周伯通来了。

看看周伯通的所作所为。

郭靖遇到他之前，失陷于桃花岛。

周伯通负责给他讲过去发生的故事，负责给他讲《九阴真经》。尤其是后一个，硬逼郭靖背《九阴真经》，其实是情节需要如此。

官方的解释？说周伯通顽童心态，爱作弄人。这个听着没谱，但就这么解释了。

最后安排周伯通把书给毁了。

作用巨大吧？

再然后，周伯通、洪七公、郭靖三人被欧阳锋救了。

情节要求洪、郭要遇险，但放着周伯通在这里，凭空遇险不合理。于是就设定周伯通打赌输给欧阳锋，自己跳海了。正常人哪会这样？周伯通做了。

之后郭靖洪七公遇险，洪七公被恩将仇报废了武功，被强敌包围。

周伯通骑着鲨鱼又凭空出来，救了郭靖、洪七公与黄蓉。

这就是官方剧情需要啊。要遇险，跳海去。要救命，骑着鲨鱼跳回来。

《神雕侠侣》里其实也是。周伯通第一次出场，是莫名其妙闯到蒙古大营，然后被绝情谷的人抓走，引出绝情谷。

第二次出场，是跟金轮法王打赌偷旗帜，结果让小龙女学会了左右互搏。

第三次出场，是大战杨过，顺便引出黯然销魂掌的悬念。

每次出场，周伯通都带任务的。一定会推动剧情，做一个扭转。

最后一个例子。

华山论剑。黄蓉还在生郭靖的气，俩人一时僵持。周伯通过来拍马屁，打了郭靖两耳光，黄蓉立刻心疼了，嗔怒了，骂走周伯通，跟郭靖重归于好。

这时的周伯通，就是个媒人。

金庸就是需要这么个，武功可以高得搞定一切问题，可以怕蛇怕瑛姑弱点明显的存在。这么个随时可能出现，又随时可以走掉的情节修改器。

编不下去，好，出周伯通，情节扭转。

就是如此。

简直就像金庸披了周伯通的画皮下场，“下面情节要转一转了”，好，搞定。

当然，金庸也没白使唤周伯通。

金庸小说一直有个对比：越是淳朴如赤子，无心胜负，越容易武功高得逆天。

张无忌如此，郭靖如此，虚竹如此，段誉如此，令狐冲如此。

周伯通一辈子没想成为天下第一，只是单纯地喜欢武功。

可是心胸开阔，机缘巧合，终于在《射雕英雄传》末尾成了天下第一，《神雕侠侣》里成了新五绝的中顽童。

各人听了，都是一怔，说到武功之强，黄药师、一灯等都自知尚逊周伯通三分，所以一直不提他的名字，只是和他开开玩笑，想逗得他发起急来，引为一乐。哪知道周伯通天真烂漫，胸中更无半点机心，虽然天性好武，却从无争雄扬名的念头，决没想到自己是否该算五绝之一。

黄药师笑道："老顽童啊老顽童，你当真了不起。我黄老邪对'名'淡泊，一灯大师视'名'为虚幻，只有你，却是心中空空荡荡，本来便不存'名'之一念，可又比我们高出一筹了。东邪、西狂、南僧、北侠、中顽童，五绝之中，以你居首！"

众人听了"东邪、西狂、南僧、北侠、中顽童"这十一个字，一齐喝彩，却又忍不住好笑。

这就是官方认证了。

无心争雄，反成天下至高。金庸一向这么写。

周伯通就是他这种精神的终极见证。

金庸小说里的医术魁首

论金庸小说里的名医，先得列几个名医做候选。

平一指：名气极大，《笑傲江湖》第一医生，惜哉对令狐冲的异种真气之症毫无办法，而方证老秃驴明说了可以用《易筋经》化解。这就让平大夫落了下乘。出局。

黄药师：号称是医卜星相都拿手，但似乎对自己老婆的早产没法子。唯一的表现是发明旋风扫叶腿，让陆乘风可以扶杖走路。后来程英中毒被他医好了，算个小战绩。

石万嗔：没有丝毫医道表现的毒老头，完败给程灵素，出局。

薛慕华不及苏星河，苏星河不及无崖子，无崖子另说，苏星河和薛慕华可以出局了。

王难姑和胡青牛会的东西，张无忌都会；张无忌还有可怕的内力做后盾。所以张无忌青出于蓝。胡和王出局。

一灯救个人，要费五年道行，而且只治内伤——偏科严重，出局。他师弟天竺僧只会解毒，无他长处，俩人凑一起倒是很厉害，可以开门诊，分开来就算了。

剩下最顶尖的几个人了。

程灵素是技艺表现最华丽的，治苗人凤眼睛，治马春花剧毒，最后以身殉了胡斐，情义皆重。纯技巧和药理方面，应该是天下无双。

张无忌治何太冲小老婆那次表现出色，还带推理属性。宋青书都被俞莲舟打碎头了，他都救得活，端的厉害。但黑玉断续膏事件上，可见用药不够仔细，差点儿把殷梨亭给搭进去。

扫地僧把慕容博和萧远山拍到假死再救活，内力流方面天下无敌，远胜一灯大师。虽然医学技法上表现一般，但先前一段很被忽略：他给慕容博和萧远山进行了心理治疗，解开了他们的心魔。这是心理医生啊，得加分。

无崖子和天山童姥那一脉的医术，可以轻松解决丁春秋的毒、天山童姥的断腿，甚至能给阿紫换眼睛。这个华丽程度，只有程灵素可比。

考虑到虚竹有旷古绝今的内力，有逍遥派各类神秘药典，非常华丽多样的表现（薛慕华和苏星河的表现都可以归到逍遥派，虚竹解各类生死符，童姥断腿后依然可以回复神功一类玄幻故事），以及给阿紫换眼睛这金庸所有书里最精密最神奇的手术（比给苗人凤治眼睛还夸张），最佳医术应该授予以虚竹为代表的逍遥派全体同仁。（此处应该有掌声。）

漂亮女孩子都很厉害吗

“越漂亮的女人，越会骗人。”

这句话，是殷素素给张无忌的遗言，是整个《倚天屠龙记》一切爱情故事的核心，也是一语成谶。

殷素素说这话时，刚骗了少林方丈一把。临死前还能保护谢逊外带骗少林和尚，她是有些得意的。

殷素素和赵敏类似，不是纯良姑娘。她自己并不觉得偶尔的使坏有问题。但她嫁给张翠山，到底爱的是张翠山的善良。她知道张无忌十岁了还只交往过父母和谢逊，什么都不懂。身为母亲，她在临死前，要通过一句话来叮嘱他，保护他，同时表达自己的那点儿忧伤的得意。

结果，张无忌一辈子，都在被这句话笼罩着。

张无忌没把这句话执行下去。他对女孩子，一直是纯良待之，不带机心。结果：

朱九真很美，他被朱九真骗了。

小昭很美，他被小昭蒙了。

周芷若很美，他被周芷若骗了。

赵敏很美，他一直被赵敏玩弄于股掌之上。

看上去，这是一个“不听妈妈的话就要吃亏啦”的故事……吗？

从结果看，不是的。

殷素素的话没错，但她猜错了结果。

张无忌被朱九真害了，好了这事过去……

张无忌被小昭蒙了，对她全心关照，结果小昭爱上了他，在关键时刻舍身去当波斯明教教主，救了张无忌。

张无忌被周芷若骗了，但周芷若说到底，就是想嫁给他。

张无忌被赵敏耍了无数次，但赵敏就是要得到他。

张无忌的确被漂亮姑娘们骗了，但他进的——从结果看——都是甜蜜的陷阱。

以前有个姑娘跟我说过一句话，大意是：

如果一个女孩子对一个男生动心机，男生最好不要想太多或者揭穿。因为女孩子肯对你用心思说明喜欢你，作为男生，怎么都不会吃亏。

我并不完全同意她这句话，但《倚天屠龙记》的故事情节，却可以这么总结：

漂亮女孩子都很厉害，男生须得知道这一点。

但男生最好的法子，是继续单纯地对她们好，然后会得到好的结果——张无忌用感情上的淡泊无为，赢了他母亲殷素素的细密心思。

实际上，金庸一直在强调这点：

令狐冲将任盈盈当婆婆敬爱，结果任盈盈爱上了他。

郭靖傻呵呵关心黄蓉，于是获得了真爱。

总之，漂亮姑娘是都很厉害，所以最好的方式，也许就是傻呆呆对她们好吧。

到此为止了吗？否。

最后，你还得是主角。宋青书傻呆呆对周芷若好，欧阳克对黄蓉始终死心塌地，结果呢……

所以金庸先生的逻辑，其实是：

——漂亮的女孩子都厉害得很。

——如果你对漂亮女孩子傻呆呆的好，那么，要么你是主角于是可以抱得美人归，要么就会成为主角的情敌，死得很惨。

——说到底便是：对待漂亮女孩子，就是得抱着“不管结果如何，傻呆呆对姑娘好”的觉悟。只是，如果你不是主角，最好别这么死心眼，毕竟还得有张无忌这么好的运气与人缘，这道理才说得通。

对大多数普通人如宋青书而言，漂亮姑娘既不肯骗他，也不肯爱他——索性就没把他当回事儿嘛！而这才是大多数人的命运。

如江南七怪，方可称大侠！

我很喜欢江南七怪。

首先是因为……他们武功不错。

哪位说了：江南七怪很弱啊？跟五绝一比，那真是……

然而五绝级别，世上只五个人。西毒常在西域，东邪远在海外。南帝青灯古佛，王重阳归了天。中原飘荡的高手，洪七公、裘千仞而已。

再下一个级别，黑风双煞江湖闻之色变，彭连虎是一方巨盗，沙通天独占黄河，梁子翁称雄关外，灵智上人西南宗主。全真七子人人名震天下。

像沙彭梁灵侯欧这几位，是完颜洪烈搜肠刮肚，从边塞搜罗来偷《武穆遗书》的。以完颜洪烈当时的地位，可以说，彭沙梁灵们已经是能请得到的最高手了。事实也是：梅超风瞎了且一直在暗中出没，全真七子是出家人。俗家人能找到的，可不就是彭沙梁灵?

江南七怪组队，能与全真七子最强的丘处机两败俱伤，甚至可说是赢了。

须知丘处机是全真七子武功第一人。天下除了五绝周裘和梅超风，就是他第一。

等江南七怪剩下六个人了，还可以拍飞欧阳克，大快人心：当日柯镇恶给了欧阳克一杖，朱聪以分筋错骨手扭断了欧阳克的左手小指，嘻嘻。

在赵王府单挑时，江南六怪是可以压倒彭连虎加沙通天的。意思是，半组江南六怪，也可以统治黄河了。只是人家没去做而已。

我们来掐指头算：

天下高手，五绝加周伯通加裘千仞加郭靖、黄蓉。

以下梅超风、丘处机、瑛姑。

以下欧阳克、彭连虎、沙通天、渔樵耕读和全真诸子。

丘处机绝对是天下武功前十的高手，欧阳克也逃不出十来位去，而江南六怪可以拍倒天下前十的高手：这个组队，谁见谁怕。

六怪之中，柯镇恶与朱聪实为王牌。柯镇恶武功高到何等程度?欧阳锋在铁枪庙，都会“料不到”他，还肯喝彩。

欧阳锋心高气傲，还肯夸人功夫好?不容易啊。

而且，江南七怪的应变与斗志，真是一等一。

打丘处机时，七怪各自受伤，但顽强奋战，远射近打，风格多样。打梅超风时，彼此配合很多，朱聪险些被夺走扇子但喊一声“扇子有毒”就夺回来了，关键时刻扑到陈玄风身上救兄弟，韩宝驹用软鞭救过大哥，全金发和朱聪都跟柯镇恶有指挥射毒菱的默契。在赵王府时，一口气面对三四个彭连虎级高手的猛攻，江南六怪靠着圆阵死死挡住。

坚韧。斗志。配合。临场应变。

最明显的一次：

牛家村，黄药师突袭全真七子，瞬间占领压倒性优势：先给王处一一个耳光，再谭、刘、郝、孙四人脸上都吃了一掌。还好丘处机应变强，袖子打中黄药师胸口，跟黄药师换了一招；之后黄药师夺走马钰与谭处端长剑折断，得亏丘处机、王处一双剑齐出，马钰乘空隙站好位置，谭刘郝孙才来得及摆天罡北斗。

之后黄药师突袭江南六怪，六怪的反应是：齐声呼啸，各出兵刃。韩小莹被梅超风尸身吓着了，但南希仁挥动扁担，全金发飞出秤锤，韩宝驹斜步侧身地面攻击，一旦发现对方攻击到了，立刻撤鞭后仰，就地滚开。原文里说只交手数合，六怪登时险象环生，郭靖视野里是“六位恩师气喘呼喝，奋力抵御”。

江南六怪加起来也就一个丘处机的武功，按说黄药师对付全真七子随心所欲随手抽耳光，打六怪更轻松才对，但六怪面对五绝级的突袭，一没乱二没溃，“齐声呼啸、奋力抵御”。

武功不提，战斗意志和应变，那是真的了不起。

而且柯镇恶有一手毒菱，打得丘处机、梅超风都吃亏，欧阳锋都在铁枪庙赞过他一声；朱聪的妙手空空更是厉害，丘处机、彭连虎都着过道儿：即，柯镇恶的毒菱和朱聪的妙手空空，都可以无视武功差距，以弱克强，仿佛小林的气圆斩可以断弗利萨的尾巴，端的厉害之极。

然后，江南六怪是真正的，侠。

看武侠多了的人，很容易只注意到武，不在意侠。有武功，要对砍，砍得飞天遁地很玄幻，很帅是吧？但那不叫侠。

杨康一门心思想跟欧阳锋学武，不惜谋刺了欧阳克；江南七怪一门心思想行侠，俯仰天地而无愧。

侠是什么？武侠小说里各色人物争名逐利，许多人忘了何为侠。侠不是要武功高到什么程度，而是急公好义。

他们因为争一口气，也因为是侠客，所以答应了丘处机那个赌约。十八年岁月就扔给郭靖了。你在江南嘉兴，划船吃菱，忽然让你去蒙古待十八年，救一个素不相识的女人，教一个素不相识的笨孩子武功。你去不去？不去就输一个赌约，也不要你一分钱，不要你掉一块肉，你去不去？

江南七怪去了。十八年无悔。

江湖上讲的除了武功高低，还有侠气英风。郭靖的人生观，是七位凛然无愧（张阿生早死，但郭靖算是拜过他了）的师父，加上当时还挺诚朴的蒙古部族锤炼出来的。江南七怪行侠仗义十八年心血培养了郭靖那么伟大的徒弟，虽然领头的柯大侠包括韩宝驹，都是暴躁刚愎，然而光明磊落。所以郭靖一生，从没在是非上有过犹疑。除了偶尔考虑“我练武功是不是不好，是不是会害到人”之外，郭靖真所谓浩然正气。

——在培养后代和徒弟这回事上，五绝真还不如江南七怪。哪位说了:郭靖刚离开江南七怪时，武功不及欧阳克和黄蓉啊?答：丘处机自己都说了，“咱们学武之人，品行心术居首，武功乃是末节。”

江南七怪，怪就怪在柯镇恶，侠也侠在柯镇恶。

小说里，柯镇恶一听焦木说有难，哪怕对手是丘处机，都带领六兄妹来挡。

为了义士后代，一赌就是十八年岁月。人这辈子，几个十八年呢?

兄弟情重，宁可自己死了，也要六怪先走，避战梅超风。

嫉恶如仇，一听说白驼山要做什么坏事，就带兄弟们紧着追查。

恩怨分明，虽然和黄老邪有仇，还是在烟雨楼带领大家认路逃脱，救了他一命。

知错就改，一度冤枉了黄蓉，一知道真相，立刻痛打自己和郭靖，同时准备以死谢黄蓉。

光明磊落，江南武林中出类拔萃的人物，居然最后因为赌债欠到到徒弟家去躲债。

急公好义，和陆家毫无瓜葛，听说李莫愁在杀人，就过来帮忙。

言出必践，《神雕侠侣》最后，跑去铁枪庙，“老夫的私事已了，特来领死。”

柯大侠一生，其实也是江南七怪的一生：

小处颇有问题，气性十足;但大节凛然无亏，可说问心无愧。

行侠仗义，重信然诺，光明磊落，毫无偏私，视死如归。

一辈子出入于绝顶高手丛中，虽然武功不算最顶尖，但从未屈膝低头，被强权压倒。江南七怪怕过谁？柯大侠怕过谁？

毒菱打过丘处机，铁杖揍过欧阳锋，浓痰吐过黄药师，粗话骂过洪七公，名震天下的郭大侠，见了他如老鼠见猫。

如此气性，真大侠也！

江南七怪并不怀主角光环的上乘武功，而实战表现极佳，堪为一方豪强。

妙在应变极为出色，还有以弱克强的绝技（不是绝学）；敢打敢拼，经常发挥到 200%。

而且英风侠骨，敢打敢拼：这一点以弱扛强的草根特质，永久地注入在郭靖体内，才铸就他战神地位。

金庸小说里，有些人物身怀绝世武功，可惜临场应变不怎么地。比如段誉不会近战，虚竹在少林寺打鸠摩智与丁春秋时也不尴不尬，旁白明说他只发挥到十之三四。

张无忌更是逢初战必打折，遇到玄冥二老、风云三使、少林三秃驴，都是第一天被打懵，琢磨之后第二战才扳回。

而有些人物却是天生战神。像萧峰救阿朱出少林寺时一口气当了少林三玄的掌力，聚贤庄独战天下英雄，平叛则万军之中杀楚王擒皇太叔，少林寺前独战三大高手一招间逼退三人，纯粹是天才。

类似的天赋，郭靖也有。

大漠里换三四种兵器大战黄河四鬼；会了降龙十五掌就打梅超风；求亲时单挑欧阳锋；此后没事就打欧阳锋和裘千仞练级，终于小黑屋独当欧阳锋、周伯通、裘千仞准三绝夹攻还能拆数十招，十几年后在终南山一看九十八人的天罡北斗大阵就想出破法，不伤和气就破了大阵；独闯忽必烈大营一个人打金尼潇尹四大高手还游刃有余。

郭靖的可怕天赋，一是坚韧，所以华山论剑被黄药师逼到口干舌燥还不认输；二是欧阳锋钦定的“七兄，你这位高徒武功好杂”；三是临场应变快得匪夷所思。

这些资质，都是江南七怪这种非顶级高手身上继承来的，草根打架哲学。

江南七怪一辈子，只有遇到五绝级高手或其嫡传武功——比如王重阳的全真教、《九阴真经》的白骨爪——才会尴尬，那是因为上乘武功对非顶级高手，属于降维打击。但他们靠着坚韧与应变，一路撑下来了。郭靖就身怀这种非高手的实战应变，佐以最上乘武功，所以一路以少打多啊。

当年江南七怪仰着头，看着丘处机、梅超风乃至黄药师、欧阳锋这等高手，那份不屈不挠，郭靖一直带着，多年后郭靖在襄阳城头面对世界史上屈指可数的强悍军队时，也是这样屹立的。

仪琳、小昭、程英：这些温柔的配角们

沈从文先生《边城》里说：牛肉炒韭菜，各人心里爱！

汪曾祺先生跟他师父耍个文字游戏，在《三姊妹出嫁》里，借卖馄饨的老秦之口说："麻油拌芥菜，各有心中爱！"

话说，牛肉炒韭菜 VS 麻油拌芥菜，恰好对应了沈从文与汪曾祺各自笔下典型人物的气质：湘西水手 VS 淮扬市民。

嗯，跑题了。

世人各有所爱，当年黄蓉与瑛姑斗嘴，彼此吐槽对方男人：

> 黄蓉道："你别胡思乱想，我妈妈是天人一般，那周伯通顽劣如牛，除了有眼无珠的女子，谁也不会对他垂青。"
>
> 瑛姑听她嘲骂自己，但心中疑团打破，反而欣慰，脸上却仍是冷冷的不动声色，说道："既有人爱蠢笨如

猪的郭靖，自也有人喜欢顽劣如牛之人。”

就这意思了。

比如张无忌，既爱秀雅如周芷若，也爱妩媚如赵敏，对情深义重的殷离与乖巧俏丽的小昭，那也放不下。

金庸先生自己在后记里写：

> 周芷若和赵敏却都有政治才能，因此这两个姑娘虽然美丽，却不可爱。
>
> 我自己心中，最爱小昭。只可惜不能让她跟张无忌在一起，想起来常常有些惆怅。

这段话很有趣。最爱小昭，却又不能让她跟张无忌在一起？他自己是作者，怎么就不能让小昭跟张无忌在一起呢？

然而小昭又不是独一份。

金庸小说里，固然大家都爱女主角如赵敏、小龙女、黄蓉们，但也有些例外。《碧血剑》的读者，喜欢何铁手与阿九的，未必少过了温青青的拥趸。《鹿鼎记》的读者如果投票，怕双儿的票数会最高，至少远在阿珂之上。《神雕侠侣》里程英与郭襄的爱好者也不会少。我自己读《天龙八部》，会觉得钟灵与木婉清，比王语嫣可爱多了。

自然了，还有《笑傲江湖》中的仪琳。

那么问题来了：这些姑娘为什么如此可爱呢？

以及，往往不能跟主角在一起呢？

答案大多是：温柔呗，可爱呗。比如阿九美丽，何铁手妩媚，都不像温青青那么好妒；双儿和程英那就是温柔咯；仪琳就是一片心为令狐冲好咯……

虽然在男女平等的现代，这么看有点儿政治不正确，但读小说的诸位很容易对这种性格倾心。

至于何以不能在一起呢？回到金庸写小昭那句话：

> 我自己心中，最爱小昭。只可惜不能让她跟张无忌在一起，想起来常常有些惆怅。

“不能”这两个字，很有意思。

因为作者与读者对人物的设置，角度不同。

读者看的，是人物给自己的感受。

作者想的，却是人物的作用。

上头提到了周伯通顽劣如牛。为啥他是这么个脾气呢？

因为《射雕英雄传》需要一个不安定因素：他可以因为顽皮的动机硬让郭靖学会《九阴真经》，可以因为打赌输了就跳海让洪七公们身处险境，可以因为怕蛇就被裘千仞追着打，可以在烟雨楼关键时刻登场解决窘境——就是个强行制造矛盾与解决矛盾的机械降神嘛。到《神雕侠侣》里，可以因为他的顽劣，所以把杨过带到了绝情谷，让小龙女领悟了左右互搏，还跟杨过打了一架，引出了黯然销魂掌。

金庸一定让段誉的武功时有时无，如此才可以随意捏造险境与顺境。一个有可能性的主角才是好主角。反例就是，张无忌在中后期武功过高，金庸只好无限捏造风云三使、少林三渡之类新角色来给主角设置障碍。

每个角色都是有作用的。性格强烈的角色，动机越强烈，对情节的影响也越巨大。

比如，阿紫的设定就很独特：她必须是个刁蛮的孩子，但萧峰又必须照顾她，这才能引出她受伤，才能顺理成章地把萧峰引到北国，不小心拯救了大辽基业，成为南院大王，为雁门关伏笔。

自然，如阿紫这样性格强烈的角色，动机不太容易改变。写出来后，容易无处安置。

性格温和的角色，就容易一些了。

比如，《笑傲江湖》里，令狐冲身为主角，他的命运已经确定了：他是个不羁少年，大情节上，注定要被伪君子师父逐出门墙，然后无意间拯救魔教教主，全程参与五岳剑派的大政变。

在《笑傲江湖》这场大戏里，他其实是个不断出入于上层势力斗争的游侠。任盈盈与岳灵珊则是两个女主角，代表着他的归宿与最初。

仪琳这条线于是有了意义。

仪琳引发了令狐冲的出场，让令狐冲与田伯光有了交情，直接带出独孤九剑。

仪琳对令狐冲的痴恋，引发了她父亲不戒和尚与桃谷六仙的情节，直接让令狐冲身受内伤，处于绝境。

因为对仪琳的感情，令狐冲才会在脱离梅庄，完全可以自由自在的情况下，参与拯救恒山派，然后见证了左冷禅的阴谋。

因为从此与恒山派有了瓜葛，他才能接任恒山掌门，并且亲身参与本书最重要的剧情：封禅台大战，岳不群与左冷禅枭雄对决。

假如没有仪琳，那么独孤九剑的引出、令狐冲的内伤、令狐冲被华山派逐出门墙后如何还能参与目睹五岳剑派的一切，就都没那么顺理成章了。

所以仪琳的痴恋只是个由头，背后带出的令狐冲与不戒和尚、桃谷六仙、田伯光及恒山派，才是关键。

类似于《飞狐外传》里，马春花少女时救过胡斐，只是个由头，如此胡斐才有理由与动机去跟大帅府大闹大斗，甚至闹出与陈家洛的误会来。书的后半部分才写得下去。

类似于《倚天屠龙记》里，小昭的主要功能，是带出紫衫龙王一条线，以及让张无忌领悟乾坤大挪移。当然小昭自有心机，但藏得深。如果她性格好强如赵敏，那自然就不会跟张无忌东西永隔如参商了——但读者对她的观感多半也会变吧。

类似于《射雕英雄传》里，程瑶迦程大小姐莫名其妙就爱上了郭靖，所以后来才有牛家村一幕，只是为了让她配陆冠英顺便搭一场戏。

比如钟灵，情节需要时把段誉引向万劫谷并认识木婉清，然后退场，后来到需要时再出现在少林寺救了段誉。

大家都爱双儿，却忽略了《鹿鼎记》里，双儿自随韦小宝后，平时是他保镖，但在韦小宝跟建宁公主鬼混、决战洪教主这些情节时，她是被自动滤出情节的。情节需要她时，她才出现；情节不需要她时，她会消失。

这类女配角们，没有女主角——赵敏、任盈盈、黄蓉、袁紫衣们——那么有名或强势。她们大多数时候，是个情节牵引线。而好的情节牵引应该招之即来挥之即去。类似于金圣叹评点《水浒传》，看某角色被杀或退场，"了某人"，了却的意思。

一个容易了却、招之即来挥之即去的角色，才是作者需要的好角色啊。

所以，自然就被赋予了沉静温柔的性格。比如，正因为程英的温柔，才在杨过需要她时舍生忘死地来帮忙，到杨过辞别她与陆无双时，她也安分守己认命了。

所以，就是如此：

小说家需要一些性格强烈、动机积极的主角来推动情节。

但也需要一些性格温和，招之即来挥之即去，有很大可能性的配角，来补完情节。

而金庸又很擅长写配角。

于是写了一批不争不闹，在需要时带动情节，在不需要时退下的温柔角色——小昭、仪琳、程英、钟灵……

结果反而让大家爱上了——大家读小说代入了情节后，都喜欢那些默默对自己好的角色。

这类似于，仙道设定出来就注定是湘北的背景，但因为他的恬淡潇洒，于是人人爱。

类似于，红发香克斯与冯·克雷只在需要时才神龙见首不见尾地出来一两下解决剧情，其他时候当自己的四皇或者蹲牢子，但还是人气巨大。

一个本用来推进情节的角色，设定性格可人适合好聚好散，却反而成了高人气的可爱角色——作者有时也想不到的吧。

当然，这里也是金庸与一般作者的区别了。

若是一般作者，也许看小昭人气高，又可爱，多半会强行加戏份，让她成了女主角；看仪琳那么招人疼，也许让令狐冲直接一娶娶俩，把她和任盈盈一起放进后宫；看程英和陆无双都挺可怜，不如一起跟小龙女去陪杨过凑一桌麻将吧。

但金庸还是：神雕侠侣绝迹江湖，东西永隔如参商——哪怕自己都觉得惆怅。虽然狠心，到底没落了俗套后宫文。

——除了《鹿鼎记》那种狂欢与解构的自我玩耍。

那些因为温柔而容易处理的角色，最后都被金庸赋予了一点随遇而安的纯真性格。这也算是金庸式配角里无心插柳造出来的一类空谷幽兰了吧。

一如程英自己跟陆无双说的：

> 三妹，你瞧这些白云聚了又聚，散了又散，人生离合，亦复如斯。你又何必烦恼？

令狐冲与林平之

故事开始时，令狐冲是个好酒疏狂的华山派弟子。爱喝酒，热心肠，也爱得罪人。救了衡山派的仪琳小师妹，招恼了青城派的诸位爷；与田伯光算是欢喜冤家，心中一门心思爱小师妹。到此为止，无足轻重。除了身负一本《笑傲江湖》曲谱，别无其他。

当其在华山之顶思过时，何等寂寞？来看他的，也只有田伯光，与他所扛的那坛美酒。

忽然间，他成了幸运儿。

风清扬现身，教了他无差别破一切招式的独孤九剑。

被任盈盈爱上，于是先被任盈盈手下一干英雄豪杰赶着拍马屁，又被向问天和任我行追着入日月神教。

靠着独孤九剑行侠仗义，于是先被恒山派请去做尼姑掌门，再被少林方证和武当冲虚两位大宗师拉拢，被任我行拉去破了日月神教，杀了东方不败，在封禅台前也左右逢源。

甚至结尾处，任我行都要求他做日月神教副教主。那真是一朝走上人生巅峰，前呼后拥威风浩啊。

然而……这一切是怎么来的？

他能一路不死，还得到向问天的关爱、恒山与武当的赞美，是因为风清扬白送他的独孤九剑。

任盈盈手下那些英雄豪杰，是冲着圣姑爱上令狐冲，来拍马屁。

方证与冲虚二位最微妙：令狐冲之前落难时，他二位影踪未见；等发现令狐冲身怀独孤九剑，又被岳不群逐出门墙，与魔教圣姑又有微妙关系时，便一起来帮忙了。

当然，令狐冲自己也确实处理得不错：他待人坦率，肝胆相照，所以许多开始是冲着利益来找他的，慢慢也真喜欢上了他，最后还成了真朋友，比如向问天。

但骨子里，是依靠着独孤九剑和圣姑垂爱，这两个主角光环。

如果没有主角光环，令狐冲在《笑傲江湖》剧情里，已经死过多少次了呢？

如果没有曲洋和曲非烟恰好在旁边看着，令狐冲在回雁楼，就被青城派那位所谓“狗熊野猪青城四兽”杀死了。以后，江湖上也不再有他什么事。岳不群继续阴谋对付左冷禅，任我行继续在西湖底枯坐，东方不败继续和杨莲亭过夫妻生活。

没有莫大先生突然出面相救，令狐冲和仪琳，早就被嵩山派的费彬杀死了。以后，江湖上也不再有他什么事。岳不群继续阴谋对付左冷禅，任我行继续在西湖底枯坐，东方不败继续和杨莲亭过夫妻生活。

没有风清扬天降神兵般的相救，还赐予独孤九剑这种修改器一般、几天就能学完的剑术，令狐冲早就被田伯光收拾了。以后，江湖上也不再有他什么事。岳不群继续阴谋对付左冷禅，任我行继续在西湖底枯坐，东方不败继续和杨莲亭过夫妻生活。

没有主角光环，令狐冲在雨夜庙前、荒野郊外、雪人堆里、黑木崖上，那都死了不知道多少次了。

所以令狐冲能活着，是许多偶然促成的。按照他的脾气，武功并不算顶尖，性格又喜好自由，好酒疏狂，意气用事，嘴上不饶人，很可爱，但在江湖上闯，早晚是个死。

想要在那样的江湖上活下去，得改头换面，变成个锯嘴葫芦——当然，那不符合他的个性。

如是，令狐冲的经历，是被极度理想化过了：

一个隐士性格的主角，交了许多许多好运，得到了主角光环的护佑，得到了爱情、绝世剑法和内功，才得以对抗了左冷禅、岳不群这群野心家们。

这种经历，很偶然。最后，还得任我行自己暴毙了，才成就了令狐冲的姻缘。

没有主角光环的命运？那就是林平之了。

如今自然都说林平之是反派，但说句政治不正确的话：

直到杀岳灵珊之前，林平之并没有变坏——只是从主角理想主义视角里，他不是自己这边的。

他的一切所作所为，就是一个没有主角光环的男子，在扭曲的权力漩涡中异化，竭力求生与复仇罢了。

我们来历数林平之的所作所为：

打猎，打抱不平救岳灵珊，误杀余家子弟。

目睹青城派猫捉老鼠一般将林家灭门。父母都被擒。

忍辱负重逃亡，又一路被木高峰和余沧海欺压。

拜入岳不群门下，但父母都丧了。

因为与岳灵珊投契，被陆大有他们针对。在拥护令狐冲的读者眼里，自然觉得他是情敌；但这事儿他也没错吧？

积极追寻辟邪剑谱以求报仇，这是人之常情。

在药王庙前还企图一人做事一人当来免华山派被围歼的厄运呢。

在福建被岳不群偷袭，之后苦心积虑得回辟邪剑谱。

自宫练剑，隐忍不发，为了逃命，假娶岳灵珊。

封禅台下终于爆发，约余沧海斗剑，一路折磨青城派，终于杀了余沧海与木高峰，当时他瞎眼毁容，却还狂呼：“我报仇啦！我报仇啦！！”

到此为止，林平之究竟做错了什么？

什么都没有。

追走岳灵珊是得罪了令狐冲，但那是岳灵珊自己乐意的。感情这种事，愿赌服输。

自宫练剑是不大光彩，但他又没有风太祖师凭空教个独孤九剑，自残报仇，也不丢人。

虐杀青城派，那是报仇雪恨，没得可挑。

他对岳灵珊的态度很冷淡，但考虑到岳不群对他的险恶心机，考虑到他灭门的起源就是为岳灵珊出头——而且岳灵珊的确易容骗他在先——所以他的怀疑也非无端。

所以，直到杀岳灵珊之前，林平之都只是个不择手段的复仇少年，但绝对谈不上坏。

他之后有两件事做得不大对劲，使他成为反派。

一是杀岳灵珊，向左冷禅纳投名状；二是与左冷禅联手来杀令狐冲。但考虑一下：那时他眼瞎了，会辟邪剑法的事又名震天下，若不投靠左冷禅，立时便被岳不群杀了；他与劳德诺、左冷禅也是互相利用，这是后来任盈盈说的。

说到底，还是求生：不杀岳灵珊向左冷禅投诚，他自己也活不久。

所以他终于倒向黑暗，是因为先前累积的一切，逼迫他如此求生而已。

林平之的心路历程，却也不难把握：

少年时行侠仗义一腔热血，结果这腔热血被利用了；他信赖过木高峰与岳不群，又被辜负欺骗了；他于是只相信弱肉强食，不惜自宫练剑，想尽一切法子活下去。

他实在是很可怜的。他行侠仗义过，命运反而嘲讽了他；虽则如此，除了杀岳灵珊投靠左冷禅外——重申一遍，那是他当时仅有的保命之法——他也确实没做过什么太过分的事。

他只是没有主角光环，被迫靠些不那么光明正大的方式复仇并活下去而已。

所以《笑傲江湖》的故事，思之令人绝望：

我们如今看到的大结局，是令狐冲无数次走了好运，尤其是遇到了任盈盈，还多少担当了方证大师和冲虚道长的棋子，靠了无数主角光环，才算有个喜剧结尾。

而若非主角光环存在，真正的赢家，是岳不群和任我行这种阴谋家，是左冷禅这种权力狂。

在一个尔虞我诈，一切上层为权力疯狂，逼迫你站立场、黑白分明、没有自由的时代，你得有令狐冲这么多的好运气，那么多逢凶化吉的主角光环，以及一个神通广大的恋人，才可能享有一点点的幸福和自由。

而林平之，一个没有主角光环，没有天降神功、豪强垂青，被迫靠自己打拼的少年，只能靠伏低做小、自宫练剑，最后用上黑化的手段，才能死里逃生，报仇雪恨。

有趣的是，后来令狐冲在华山山洞黑暗中，也曾提剑乱杀人，以至于一度还怕自己暗中误杀了任盈盈——那是因为他想明白了：

“是了，今日的局面，不是我给人莫名其妙的杀死，便是我将人莫名其妙的杀死。多杀一人，我给人杀死的机会便少了一分。”

林平之的所作所为，只因为他始终处于这种“我不杀人，人便杀我”的黑暗，所以如此。

所以经历越多，越没法对林平之太苛责。就像我们没法站在令狐冲角度对林平之说：

“你干吗要黑化自宫才能报仇呢？等着有人教你独孤九剑就好了嘛；你干吗不信任别人呢？你看圣姑就对我一见钟情了嘛；你干吗不相信岳灵珊呢？虽然她第一次见面就骗了你导致你家的悲剧，但她对你应该还是真心的嘛！”

说难听点：

比起独孤九剑和圣姑主动朝你扑来的散仙令狐大哥，林平之这种普通人，就得自宫练剑伏低做小，才能在江湖上苟延残喘啊！

幸运的人未必都需要对不幸的人抱有愧怍之心，但也不宜对因为大不幸而黑化的人过于苛刻——金庸最后也没安排林平之死掉，也算是对这个角色抱有的一线温柔了。

丐帮的问题

金庸宇宙里的丐帮，向称天下第一大帮。然而形象却不太稳定。

《射雕英雄传》里，洪七公盖世豪侠不提，手下几位却参差不齐。

《神雕侠侣》里，已相对边缘化，俨然成了郭靖黄蓉他们的帮衬：好在仍救助襄阳，形象不错。

《倚天屠龙记》里，更被陈友谅直接篡权，跟张无忌成了对头，帮主史火龙没出场就挂了。

此后在《笑傲江湖》里，浮光掠影出来个丐帮帮主解风，也是个背景人物。大有“此人地位不低，不能不写；但天下大势，没他啥事”之感。

《天龙八部》里，萧峰自然是天下大英雄，他一撤，丐帮就群龙无首，最后糊里糊涂拥立游坦之，还在少林寺前出了大丑。

为啥哩？

话说，丐帮何以中衰，《倚天屠龙记》原文里如此归结。

张无忌的视角：

丐帮号称江湖上第一大帮。听太师父言道，昔日丐帮帮主洪七公仁侠仗义，武功深湛，不论白道黑道，无不敬服。其后黄帮主、耶律帮主等也均是出类拔萃的人物，但数十年来主持非人，丐帮声望大非昔比。

丐帮是天下第一大帮，即便《倚天屠龙记》时代，依然如此。

但金庸宇宙的逻辑：武林帮派不看人多人少，而看高端人才与整体作风。比如武当一共就张三丰加七侠，寥寥数人，依然名震天下，足以与少林争辉。

丐帮空有几十万人，但主持非人，领导一出问题，就全完了。

这个思想，《天龙八部》里也出现过，萧峰视角：

第三天来到卫辉，进得城来，只见满街满巷都是丐帮子弟。有的在酒楼中据案大嚼，有的在小巷中宰猪屠狗，更有的随街乞讨，强索硬要。乔峰心中难受，眼见号称江湖上第一大帮的丐帮帮规废弛，无复当年自己主掌帮务时的森严气象，如此过不多时，势将为世人所轻。

再仔细一想，您会发现：以丐帮的体制，出问题简直是早晚的事。

其一，丐帮的组织形式，决定了他们走群众路线，人多势众。

可是具体又细分了：污衣帮走平民路线，净衣帮走江湖豪侠路线。这两者其实极不相容。

按前者逻辑，则整个帮派最后都变成低手；按后者逻辑，则久而久之，必然变成一个与寻常豪强无区别的帮派。

这一点要平衡好，很难。但两者兼顾，更扭曲。

像张三丰时代的武当七侠，那是果断的精英路线，就显得干脆多了——至少在高手决定一切的世界观里，很有用。而丐帮就这样扭曲着：名义上走群众路线，实际上划分等级。

其二，如上所述，丐帮等级极为森严。帮主以下，九袋到一袋层层下去。众所周知，等级越多，越容易滋生腐败。全冠清和陈友谅这路人混到七八袋，就可以搞小动作了。而武当山武当七侠上头就是张三丰，峨眉派灭绝师太下面就是诸弟子，便没这么层层压榨了。

其三，丐帮说是帮主为尊，却是个长老集体领导制。配上森严的等级，就出现了奇葩案例：

连游坦之这种来历不明的货色，都能挂靠全冠清当上帮主。

杨康差点靠一根打狗棒和几句谎话，就捞到帮主之位。

陈友谅一个阴谋操作，就差点统治《倚天屠龙记》时期的丐帮。

金庸对丐帮算是好了，所以送给他们几个才华卓越的帮主：

洪七公天生奇才百世难逢，黄蓉是被洪七公刻意抓来的天之骄女，萧峰是少林高僧与汪剑通合力培养的战神，耶律齐是黄蓉与郭靖的女婿、耶律楚材的儿子。

这几个人物，实在太难得了。

其实大多数丐帮帮众里头选帮主，最后只能选出鲁有脚这类人物。赶上《倚天》时代，出了个玩失踪的史火龙帮主，也别怪丐帮乱了。

所以咯：丐帮帮众得碰大运气，才能遇到洪七公、黄蓉、萧峰这种伟大帮主。

大多数时候，只好碰运气，希望自己别遇到混蛋帮主。

长老里又经常出彭长老这种反派、徐长老这类老糊涂，可不得糟糕？

其四，也是最尴尬的：

少林派历代高手不绝，是因为藏经阁就摆着少林七十二绝技，随你练。

丐帮呢？打狗棒非帮主不得亲传，降龙十八掌则是洪七公当作宝贝才秘传的，如八袋弟子黎生，都只会神龙摆尾一招而已。结果死在裘千仞手里，九袋长老们都无力报仇。

以至于到《倚天》时代，十八掌都不齐全了。

也难怪丐帮帮主的武功一路越来越低：武功藏私成这样，心机重重，等级森严，驳杂不纯，就怕下面越过上面，能厉害才怪。

偏偏武林中讲究单打独斗，不靠倚多为胜，你有一群厉害长老，不如一个了得的帮主啊。

所以咯：

明明是走群众路线的，但又偏偏等级森严，长老加帮主把持一切，让下头的一二三四五六七八袋弟子做炮灰。

赶上个好帮主就谢天谢地，赶上个差帮主就玩失踪。

且在顶尖高手决定一切的武林世界里，丐帮偏又是个小范围流传顶尖武功的组织，高手既少，领导群本身也格局不大。

如此，帮中既容易被几个长老把持玩弄，而一旦遇到强大对手，就基本没有顶尖高手战斗力了。

实际上，凝聚丐帮唯一的力量，也就是“仁义”而已。

问题是，仁义是种自觉。萧峰与洪七公这样的仁义领导，黄蓉与郭靖这样的定海神针，可遇而不可求。大多数时候，丐帮领导群里就云集着彭长老、徐长老和全冠清，能好了才怪。

自己人里选领导很弱，外人里头选领导容易内乱。最后难免权力世袭，像黄蓉选鲁有脚，鲁有脚死后耶律齐上位，史火龙死后让女儿当丐帮帮主，都是不得已的钦定。好在黄蓉是个主角光环的帮主，她在位时还天下无事。但是不是每个帮主都这么出色呢?

《笑傲江湖》里少林寺，向问天道:

“听说丐帮中的青莲使者、白莲使者两位，虽然不姓解，却都是解帮主的私生儿子。”

唉。

这样的组织体制，依赖上天降下英明领导的帮派，也真亏金庸送给他们萧峰、洪七公、黄蓉等多个神奇帮主，才没早早崩溃。到《倚天》时代才衰微，真已算是运气好了。

恩怨情仇 / 金戈铁马

段誉对王语嫣的迷恋

金庸先生很狡猾。他写美女，并不正面写她们的五官容颜。老评书里会说“眉似春山，眼如秋水，鼻如悬胆，樱桃小口”之类。金庸先生不会。

他写美女，一般是概括性描写，比如赵敏：

> 自来美人，不是温雅秀美，便是娇艳姿媚，这位赵小姐却是十分美丽之中，更带着三分英气，三分豪态，同时雍容华贵，自有一副端严之致，令人肃然起敬，不敢逼视。

外加描写他人的反应。于是，我们只能通过他人反应来想象：让大家这么震惊，美成什么样子呢？

所以，美女的美貌程度，也只好靠反应判断。

比如张翠山初见殷素素，居然被震慑得掉头跑了：

张翠山见她清丽不可方物，为此容光所逼，登觉自惭，不敢再说甚么，转身跃上江岸，发足往来路奔回。

比如小龙女到大胜关，当场震慑所有人：

堂上群雄本来一齐注目朱子柳与霍都二人，那白衣少女一进来，众人不由自主的都向她望去，但见她脸色苍白，若有病容，虽然烛光如霞，照在她脸上仍无半点血色，更显得清雅绝俗，姿容秀丽无比，世人常以“美若天仙”四字形容女子之美，但天仙究竟如何美法，谁也不知，此时一见那少女，各人心头都不自禁的涌出“美若天仙”四字来。她周身犹如笼罩着一层轻烟薄雾，似真似幻，实非尘世中人。

比如陈圆圆出场，闯王手下所有人失去理智。

忽听得丝竹声响，几名军官拥着一个女子走上殿来。那女子向李自成盈盈拜倒，拜毕站起，烛光映到她脸上，众人都不约而同的“哦”了一声。

袁承志自练了混元功后，精神极是把持得定，虽与阿九同衾共枕，亦无非礼之行，但此刻一见这女子，不由得心中一动："天下竟有这等美貌的女子！"

那女子目光流转，从众人脸上掠过，每个人和她眼波一触，都如全身浸在暖洋洋的温水中一般，说不出的舒服受用。

…………

皇极殿上一时寂静无声，忽然间当啷一声，有人手中酒杯落地，接着又是当啷、当啷两响，又有人酒杯落地。适才袁承志的酒杯掉在地下，李自成甚是恼怒，此刻人人瞧着陈圆圆的丽容媚态，竟是谁也没留神到别的。

忽然间坐在下首的一名小将口中发出呵呵低声，爬在地下，便去抱陈圆圆的腿。陈圆圆一声尖叫，避了开去。那边一名将军叫道："好热，好热！"嗤的一声，撕开了自己衣衫。

又有一名将官叫道："美人儿，你喝了我手里这杯酒，我就死也甘心！"举着酒杯，凑到陈圆圆唇边。

一时人心浮动，满殿身经百战的悍将都为陈圆圆的美色所迷。

最可怕的是香香公主。一个人，把数万军队给镇住了。

那少女头发上、脸上、手上、衣上都是淡淡的阳光。清军官兵数万对眼光凝望着那少女出神，每个人的心忽然都剧烈跳动起来，不论军官兵士，都沉醉在这绝世丽容的光照之下。两军数万人马剑拔弩张，本来血战一触即发，突然之间，便似中邪昏迷一般，人人都呆住了。

只听得当啷一声，一名清兵手中长矛掉在地下，接着，无数长矛都掉下地来，弓箭手的弓矢也收了回来。军官们忘了喝止，望着两人的背影渐渐远去。

兆惠在阵前亲自督师，呆呆地瞧着那白衣少女远去，眼前兀自萦绕着她的影子，但觉心中柔和宁静，不想厮杀，回头一望，见手下一众都统、副都统、参领、佐领和亲兵，人人神色和平，收刀入鞘，在等大帅下令收兵。

兆惠不由自主叫道："收兵回营！"将令下达，数万步兵骑兵翻翻滚滚的退了下来，退出数十里地，在黑水河旁扎下大营。

相比起来，王语嫣呢？

阿朱、阿碧、段誉三人当下各自除去了脸上的化装。众人看看王语嫣，又看看阿朱、阿碧，想不到世间竟有这般粉妆玉琢似的姑娘。

效果差得很远。实际上，王语嫣从来没有能够震慑全场过。除了段誉，很少有人看王语嫣看得傻住过。

那么您会问了：为什么段誉，独独对王语嫣那么着迷呢？

这里就有深层心理了。

段誉爱王语嫣，是因为王语嫣像神仙姐姐的那个玉像。

他为什么迷恋玉像？一部分原因是：《北冥神功》卷轴里，李秋水的画像，是全裸的。

> 但见帛卷上赫然出现一个横卧的裸女画像，全身一丝不挂，面貌竟与那玉像一般无异。段誉只觉多瞧一眼也是亵渎了神仙姊姊，急忙掩卷不看。……
>
> 于是颤抖着手翻过帛卷，但见画中裸女嫣然微笑，眉梢眼角，唇边颊上，尽是娇媚，比之那玉像的庄严宝相，容貌虽似，神情却是大异。他似乎听到自己一颗心扑通、扑通的跳动之声，斜眼偷看那裸女身子时，只见有一条绿色细线起自左肩，横至颈下，斜行而至右乳。他看到画中裸女椒乳坟起，心中大动，急忙闭眼，过了良久才睁眼再看。

后来，他自己也意识到了：

段誉躺在地下，见到帛轴和裸体男子的图形，登时想起了那个给自己撕烂了的帛轴，心想："身上的穴道经脉，男女都是一般，神仙姊姊也真奇怪，为甚么要绘成裸女之形，而且这裸女又绘上自己的相貌？"隐隐觉得不妥，似乎神仙姊姊有意以色相诱人，教人不得不练图中的神功，自己神智迷糊中将帛轴撕了，说不定反而免去了一场劫难。只是如此推想未免亵渎了神仙姊姊，这念头只在脑海中一闪而过，再也不敢多想。

也许这就是真相：

段誉一个处男，看到了一个美女的裸像。那容颜，是他的初恋，是他的性启蒙。

从此他就割舍不下，魂牵梦萦了。于是，一再寻找跟她容貌类似的姑娘。

哪怕王语嫣并没有美得那么勾魂夺魄，但毕竟像极了玉像，于是成了神仙姐姐的化身。

男人就是如此：对自己见过的第一个裸女，哪怕不是百分百的美貌，也有感情加分的。

这才是段誉对王语嫣迷恋的真正秘密。

段正淳的可爱之处

段正淳怎么能搞定那么多阿姨，为段誉埋下那么多地雷妹妹的?

当然是金庸先生安排的。

但安排起来，也得合理才行。如果段正淳就是个二流子，就会让人觉得那几位阿姨瞎了眼睛。

许多人以为，段正淳把妹，靠的是王族身份，靠的是小白脸。

然而段王爷并不是小白脸型。至少木婉清不这么认为。

> 只见这紫袍人一张国字脸，神态威猛，浓眉大眼，肃然有王者之相，见到儿子无恙归来，三分怒色之外，倒有七分喜欢。木婉清心道:“幸好段郎的相貌像他妈妈，不像你。否则似你这般凶霸霸的模样，我可不喜欢。”

说他有王族身份，可是甘宝宝、秦红棉、王夫人、阮星竹、马夫人等诸位江湖儿女，也不像是贪恋富贵的。事实证明，如果江湖上追姑娘靠身份地位就有用了，段誉也不至于那么惨兮兮。

段王爷，首先武功挺了得的——哪位说了，不是感觉见谁输谁吗？非也。

> 段延庆铁棒上内力不断加重，拆到六十余招后，一路段家剑法堪堪拆完，见段正淳鼻上渗出几粒汗珠，呼吸之声却仍曼长调匀，心想："听说此人好色，颇多内宠，居然内力如此悠长，倒也不可小觑于他了。"
>
> …………
>
> 慕容复不知他叫嚷些甚么，右足牢牢踏定了段誉，双手分敌二人。拆到十余招后，觉得南海鳄神虽有一件厉害兵刃，倒还容易抵敌，段正淳的一阳指却着实不能小觑了，是以正面和段正淳相对，凝神拆招，于南海鳄神的鳄嘴剪却只以余力化解，百忙中还得一两招，便将南海鳄神逼跃出数丈以外相避。

段延庆和慕容复，都算得一流高手，犹且觉得段正淳不可小觑，要凝神对付。当然啦，跟三兄弟那种超凡入圣的不能比，但纵横江湖，段王爷也过得去了。

接着就是段王爷的内在品质了。首先，倒人不倒架，输人不输阵，永远有范儿：

段正淳为人虽然风流，于“英雄好汉”这四个字的名声却甚是爱惜。他常自己解嘲，说道：“‘英雄难过美人关’，就算过不了美人关，总还是个英雄。岂不见楚霸王有虞姬、汉高祖有戚夫人、李世民有武则天？”卑鄙懦怯之事，那是决不屑为的。他于剧斗之际，听得阿紫的说话，当即大声说道：“生死胜败，又有什么了不起？哪一个上来相助，便是跟我段正淳过不去。”

最酷的是在少林寺，大家都想杀了萧峰时，段王爷纯爷们血性爆棚：

段正淳低声向范骅、华赫艮、巴天石诸人道：“这位萧大侠于我有救命之恩，待会危急之际，咱们冲入人群，助他脱险。”范骅道：“是！”向拔刃相向的数千豪杰瞧了几眼，说道：“对方人多，不知主公有何妙策？”段正淳摇摇头，说道：“大丈夫恩怨分明，尽力而为，以死相报。”大理众士齐声道：“原当如此！”

所以段王爷武功未必是高绝，但在男子汉做派上，却是地地道道的纯爷们。屡次遭遇生死威胁，没有一次屈膝的。

比慕容复等，高了何止一级。

再然后，是他对女人的姿态了。

作者官方设定是：

他生平到处留情，对阮星竹的眷恋，其实也不是胜过对元配刀白凤和其余女子，只是他不论和那一个情人在一起，都是全心全意的相待，就为对方送了性命，也是在所不惜，至于分手后另有新欢，却又另当作别论了。

他是不专一，但每跟一个在一起时，都全心投入。

为了甘宝宝，他会愿意去钻地道。

段正淳心头大震，将木板又托起两寸，只听得甘宝宝长长叹了口气，过了一会，幽幽的道："倘若你不是王爷，只是个耕田打猎的汉子，要不然，是偷鸡摸狗的小贼也好，是打家劫舍的强人也好，我便能跟了你去……我一辈子跟了你去……"跟着几滴泪水掉下来，落在她花鞋边的地板上。段正淳胸口热血上涌，心道："我不做王爷了，我做小贼、做强人去，让你一辈子跟着我。这王爷有甚么做头？”

只听甘宝宝又道：“难道…… 难道这一辈子我当真永远不再见你一面？连一面也见你不着？我…… 我还是死了的好…… 淳哥……，淳哥…… 你想我不想？”这几下低呼，当真是荡气回肠。段正淳忍不住低声道：“宝宝，亲亲宝宝。”

甘宝宝吃了一惊，站起身来，随即又叹了口气，自言自语：“我又在做梦了，梦里又听到你在叫我啦。”

段正淳低声道：“亲亲宝宝，是我在叫你，我一直在想你，记挂着你。”

为了秦红棉，他可以一冲动就答应跟她走，可以记一句话记几十年。

——现在男生，能记得女朋友生日和第一次相遇就算挺难得的了。

段正淳道：“红棉，你真的就此舍我而去吗？”说得甚是凄苦。

秦红棉语音突转柔和，说道：“淳哥，你做了几十年王爷，也该做够了。你随我去罢，从今而后，我对你千依百顺，决不敢再骂你半句话，打你半下。这样可爱的女儿，难道你不疼惜吗？”段正淳心中一动，冲口而出，道：“好，我随你去！”

秦红棉大喜，伸出右手，等他来握。

忽然背后一个女子的声音冷冷的道：“师姊，你……你又上他当了。他哄得你几天，还不是又回来做他的王爷。”段正淳心头一震，叫道：“宝宝，是你！你也来了。”

…………

烛光之下，段正淳见到她轻颦薄怒的神情，回忆昔日定情之夕，不由得怦然心动，走上前去在她颊上香了一下。秦红棉上身却能动弹，左手拍的一声，清脆响亮的给他一记耳光。段正淳若要闪避挡架，原非难事，却故意挨了她这一掌，在她耳边低声道：“修罗刀下死，做鬼也风流！”

秦红棉全身一颤，泪水扑簌簌而下，放声大哭，哭道：“你……你又来说这些风话。”原来当年秦红棉以一对修罗刀纵横江湖，外号便叫作“修罗刀”，失身给段正淳那天晚上，便是给他亲了一下面颊，打了他一记耳光，段正淳当年所说的便正是那两句话。十八年来，这“修罗刀下死，做鬼也风流”十个字，在她心头耳边，不知萦回了几千几万遍。此刻陡然间听得他又亲口说了出来。当真是又喜又怒，又甜又苦，百感俱至。

对阮星竹，他是舍命相护了。

段延庆铁杖一点，已到了段正淳身前，说道：“你要和我单打独斗，不涉旁人，是也不是？”段正淳道：“不错！你不过想杀我一人，再到大理去弑我皇兄，是否能够如愿，要看你的运气。我的部属家人，均与你我之间的事无关。”他知段延庆武功实在太强，自己今日多半要毕命于斯，却盼他不要再向阮星竹、阿紫，以及范骅诸人为难。

即便对王夫人，还是要舍命。

段正淳虽然用情不专，但对每一个情人却也都真诚相待，一凛之下，立时便为王夫人着想，叫道：“阿萝，快走！这青袍老者是个大恶人，别落在他手中。”身子微侧，挡在王夫人与段延庆之间，连声催促：“快走！快走！”其实他早被段延庆点了重穴，举步也已艰难之极，哪里还有甚么力量来保护王夫人？

…………

段正淳见到她目中惧色、脸上戚容，想到昔年和她一番的恩情，登时心肠软了，破口骂道：“你这贼虔婆，猪油蒙了心，却去喝那陈年旧醋，害得我三个心爱的女人都死于非命，我手足若得了自由，非将你千刀万剐不可。慕容复，快一剑刺过去啊，为甚么不将这臭婆娘杀了？”他知道骂得越厉害，慕容复越是不会杀他舅母。

王夫人心中明白，段正淳先前假意对自己倾心相爱，是要引慕容复来杀了自己，为阮星竹、秦红棉、甘宝宝三人报仇，现下改口斥骂，已是原恕了自己。

…………

王夫人颤声道：“段郎，你真的这般恨我么？”

段正淳眼见这剑深中要害，她再难活命，忍不住两道眼泪流下面颊，哽咽道：“阿萝，我这般骂你，是为了想救你性命。今日重会，我真是说不出的欢喜。我怎会恨你？我对你的心意，永如当年送你一朵曼陀花之日。”

所以，段王爷虽然秉性风流，用情不专，但对每个情人，确实是用心到了。

《红楼梦》里，有一次，贾宝玉说：“你死了，我做和尚去。”林黛玉吐槽他：“你那么多姐姐妹妹，都死了，你几个身子去做和尚？”

这的确是千古难题。段王爷给了个答案。到结局，看见所有情人都死了，他的决定是：殉情。

确实也有了担当。诸位阿姨泉下有知，也会觉得没爱错人。

临死前，回头还对刀白凤说：

“夫人，我对不起你。在我心中，这些女子和你一样，个个是我心肝宝贝，我爱她们是真，爱你也是一样的真诚！”

段王爷用情不专，但对每个女人都是掏心挖肺。也确实殉情了，不是空口白话。

段王爷人不算小白脸，但有男子气概，有担当，有决断，又会说甜言蜜语。

段王爷很容易冲动，对女人们很容易就许诺——虽然未必做得到。

得知道的是，一个恋爱中的女孩子，未必想得到天长地久，许多时候在意的，是眼前，是对方的态度。

段王爷是个完美的眼前情人。

除了不专一、不太负责任，其他是完美了。而专一与负责任，是之后的事了。

如果对象是奔着一辈子长治久安的，自然看他不上。但江湖儿女，都知道世事如浮萍的，便没法不觉得这个男人好了。

相比起来，段誉的爱倒是真诚专一，可是既没有段王爷的担当，又没有段王爷的口才，就只会磨磨叽叽。王语嫣最多感动于他的痴心，也就罢了。

许多人对感情，有种简单的思绪：我是真心的，所以应该能感动对方吧？

问题是，再炽热的感情，得能兑现成令对方感到感官愉悦的东西才行。

许多人抱怨女孩子们爱钱，其实相当多女孩子们，爱的不是钞票这破玩意，而是钞票可以换取的感官愉悦。

段誉将他的痴情兑现为一路跟踪王语嫣了，让她感动，但感官上没愉悦到。

段王爷将他的痴情表现为甜言蜜语、温柔陪伴、细心呵护了，这些都是可以感受到的。

于是即便他用情不专，诸位阿姨也死心塌地了。

胡斐与程灵素

我很喜欢胡斐。金庸男主角里，有侠义范，一门心思行侠仗义到底的，他算一个很了得的。

但有句说句：

他在程灵素和袁紫衣的问题上，处理得很不妥当。

袁紫衣这姑娘，我挺不喜欢。抢别人掌门时，一派纨绔子弟作风，仗着武功高，又机巧，欺负许多前辈。说话做事，毫无出家人的温和风致。对胡斐那些话，也真是风言风语得很。

当然，人家武功高，长得美，也难怪胡斐喜欢。袁紫衣出现得早，胡斐爱上了，也没问题。

他为了给苗人凤治眼睛，去找程灵素，没问题。

他中间照顾程灵素，以至于程灵素爱上了他，没问题。

但之后就有问题了。

王铁匠一开始就跟胡斐说过。所以，胡斐也不是不知道程灵素喜欢他。

王铁匠哈哈一笑，道："胡爷，王铁匠又不是傻子，难道我还瞧不出么？程姑娘人既聪明，心眼儿又好，这份本事更加不用提啦。人家对你一片真心，这一辈子你可得多听她话。"说着哈哈大笑。

胡斐听他话中有因，却不便多说，只得含糊答应，说道："再见啦。"

之后呢，胡斐也意识到了程灵素喜欢他。

程灵素道："你真的相信我了吧？"说着脸上微微一红，转过脸去，不敢再和他眼光相对。

胡斐曲起手指，在自己额角上轻轻打了个爆栗，笑道："打你这胡涂小子！"心中忽然一动。"她问：'你真的相信我了吧？'为什么要脸红？"王铁匠所唱的那几句情歌，突然间在心底响起："小妹子待情郎——恩情深，你莫负了小妹子——一段情……"

胡斐的问题来了。

他喜欢袁紫衣，没法跟程灵素好，可以理解。

然而他既不跟程灵素好，也没有跟她断干净。

而是跟她结拜了兄妹。这样好有个名分在一起。
认妹妹这种事是很伤人的。
程灵素当时真是难过透了。

瞧着她瘦削的侧影，心中大起怜意，说道："我有一事相求，不知你肯不肯答允，不知我是否高攀得上？"

程灵素身子一震，颤声道："你……你说什么？"胡斐从她侧后望去，见她耳根子和半边脸颊全都红了，说道："你我都无父母亲人，我想和你结拜为兄妹，你说好么？"

程灵素的脸颊刹时间变为苍白，大声笑道："好啊，那有什么不好？我有这么一位兄长，当真是求之不得呢？"

胡斐听她语气中含有讥讽之意，不禁颇为狼狈，道："我是一片真心。"程灵素道："我难道是假意？"说着跳下马来，在路旁撮土为香，双膝一屈，便跪在地上。胡斐见她如此爽快，也跪在地上，向天拜了几拜，相对磕头行礼。

胡斐对程灵素，并不是没感情。

程灵素微微一笑，低声道："大哥，待会如果走不脱，你救我呢，还是救马姑娘？”

胡斐道：“两个都救。”程灵素道：“我是问你，倘若只能救出一个，另一个非死不可，你便救谁？”

胡斐微一沉吟，说道：“我救马姑娘！我跟你同死。”

程灵素转过头来，低低叫了声：“大哥！”伸手握住了他手。

他也知道怎么哄程灵素高兴，知道程灵素在意袁紫衣。

程灵素冷笑道：“起疑又怎么样？反正你不爱惜自己，便是死在官兵手中，也是活该。”

胡斐笑道：“我死是活该，只是累得姑娘伤心，那便过意不去。”

程灵素冷笑道：“你不听我话，自己爱送命，才没人为你伤心呢。除非是你那个多情多义的袁姑娘……她又怎么不来助你一臂之力？”

胡斐道：“她不知道我会这样傻，竟会闯进福大帅府中去。天下只有一位姑娘，才知道我会这般蛮干胡来，也只有她，才能在紧急关头救我性命。”

这几句话说得程灵素心中舒服熨帖无比，哼了一声，道：“当年救你性命的是马姑娘，所以你这般念念不忘，要报她大恩。”

胡斐道："在我心中，马姑娘怎能跟我的二妹相比？"

但直到最后，他还是没跟程灵素好，直到她死去。

明知道程灵素爱极了自己。

却没法回以爱情。

于是认了个妹妹，好有名分在一起。

用现在的话，程灵素仿佛胡斐的备胎。若非主角光环，胡斐简直就是花言巧语拐着一个妹妹在自己身边的花花公子。

哪怕胡斐可能并无此意，可能他心底对程灵素另有一番感情，但他这个处理方式，是有问题的。

所以最后，程灵素为胡斐治毒牺牲自己，是最无奈最凄凉，却也是唯一的解决方法。这是个死结，死结也只有用死才解得开。

任盈盈与令狐冲的自由

大家都知道，令狐冲的初恋，是岳灵珊。

任盈盈不是不知道这一点。她不是不在乎。

只是，她更在乎自由。

顺便，《笑傲江湖》的主题，就是自由。

任盈盈是个矛盾体。她是个早熟的公主，却又是个渴望自由舒展和爱情的小姑娘。

作为早慧的圣姑，她小小年纪就能觉察出不祥的气氛。所以，她明明权倾天下，却很少主动运用自己的权力——除了害羞的时候……

她有权力，但她并不爱权力，因为她知道权力斗争有多可怕，所以宁可不要黑木崖的万丈威风，而躲在洛阳巷子里，自己弹弹琴。

也因此，她骨子里，是个怕羞的小姑娘。

祖千秋道:“咱们在五霸冈上聚集，圣姑竟然会生这么大的气。其实男欢女爱，理所当然。像令狐公子那样潇洒仁侠的豪杰，也只有圣姑那样美貌的姑娘才配得上。为甚么圣姑如此了不起的人物，却也像世俗女子那般扭扭捏捏？她明明心中喜欢令狐公子，却不许旁人提起，更不许人家见到，这不是……不是有点不近情理吗？”

令狐冲心道:“原来如此。却不知此言是真是假？”突然觉得掌中盈盈那只小手一摔，要将自己手掌甩脱，急忙用力握住，生怕她一怒之下，立时便将祖千秋等三人杀了。

计无施道:“圣姑虽是黑木崖上了不起的人物，便东方教主，也从来对她没半点违拗，但她毕竟是个年轻姑娘。世上的年轻姑娘初次喜欢了一个男人，纵然心中爱煞，脸皮子总是薄的。咱们这次拍马屁拍在马脚上，虽是一番好意，还是惹得圣姑发恼，只怪大伙儿都是粗鲁汉子，不懂得女孩儿家的心事。来到五霸冈上的姑娘大嫂，本来也有这么几十个，偏偏她们的性子，跟男子汉可也没多大分别。五霸冈群豪聚会，拍马屁圣姑生气。这一回事传了出去，可笑坏了名门正派中那些狗崽子们。”

对令狐冲，一直是她更主动一点。是她背着令狐冲去少林寺，然后牺牲自己的。是她带着手下，去为令狐冲任恒山掌门之礼助威的。

她对令狐冲谈不上独占欲，更多是纯粹的爱。她可以号令群雄，但在令狐冲面前，她潜意识里，并不觉得自己的权力有多么了不起。

她讨厌黑木崖什么？不自由，必须恭颂文成武德。

她爱令狐冲是因为什么？自由。

她那么爱令狐冲，怎么会试图束缚他的任何自由呢？

她其实是在意自己的地位的，所以会有下面这两句话：

盈盈轻声问道："冲哥，你睡着了吗？"令狐冲道："我睡着了，我正在做梦。"盈盈道："你在做甚么梦？"令狐冲道："我梦见带了一大块牛肉，摸到黑木崖上，去喂你家的狗。"盈盈笑道："你人不正经，做的梦也不正经。"

两人并肩坐在车中，望着湖水。令狐冲伸过右手，按在盈盈左手的手背上。盈盈的手微微一颤，却不缩回。令狐冲心想："若得永远如此，不再见到武林中的腥风血雨，便是叫我做神仙，也没这般快活。"

盈盈道："你在想甚么？"令狐冲将适才心中所想说了出来。盈盈反转左手，握住了他右手，说道："冲哥，我真是快活。”令狐冲道:“我也是一样。”盈盈道:“你率领群豪攻打少林寺，我虽然感激，可也没此刻欢喜。倘若我是你的好朋友，陷身少林寺中，你为了江湖上的义气，也会奋不顾身前来救我。可是这时候你只想到我，没想到你小师妹……”

她提到“你小师妹”四字，令狐冲全身一震，脱口而出:“啊哟，咱们快些赶去！”

盈盈轻轻的道:“直到此刻我才相信，在你心中，你终于是念着我多些，念着你小师妹少些。”她轻拉缰绳，转过骡头，骡车从湖畔回上了大路，扬鞭一击，骡子快跑起来。

这一刻之后，任盈盈赢了。

她是在意的。只是，任盈盈从来不试图束缚令狐冲的自由。她不是不骄傲，所以才有这个细节：

任我行转过头来，向盈盈低声道:“你到对面去。”盈盈明白父亲的意思，他是怕令狐冲顾念昔日师门之恩，这一场比试要故意相让，他叫自己到对面去，是要令狐冲见到自己之后，想到自己待他的情意，便会出力取胜。

她轻轻嗯了一声，却不移动脚步。

过了片刻，任我行见令狐冲不住后退，更是焦急，又向盈盈道：“到前面去。”盈盈仍是不动，连“嗯”的那一声也不答应。

她心中在想：“我待你如何，你早已知道。你如以我为重，决意救我下山，你自会取胜。你如以师父为重，我便是拉住你衣袖哀哀求告，也是无用。我何必站到你的面前来提醒你？”深觉两情相悦，贵乎自然，倘要自己有所示意之后，令狐冲再为自己打算，那可无味之极了。

骨子里，是她在追令狐冲。但她从来不想让令狐冲被牵着拽着来爱她。因为到最后，她想要的是自由。她知道逼迫令狐冲没有用，只有让令狐冲自己将爱情转移到她身上，他们俩的灵魂才能得以舒展。

自由，同时，也自尊。

许多初恋原教旨主义者坚持认为，令狐冲真爱的是初恋岳灵珊，好像浑然忘了后半部分，他和任盈盈如何出生入死。

换个角度：岳灵珊是令狐冲的美好初恋，牵绊了令狐冲许多年光阴；而任盈盈用自由和温和，一年多的时间，让令狐冲转过身来了。她靠的不是各类套路技法，无非是：

自由、自尊与温柔。

《笑傲江湖》就是在聊自由，所以书的结尾，也是这句：

> 扣住令狐冲的手腕，叹道："想不到我任盈盈，竟也终身和一只大马猴锁在一起，再也不分开了。"说着嫣然一笑，娇柔无限。

最后，因为爱情，他们俩多少有点不自由，但已经是最幸福的不自由了。

十年华筝，不如一天的黄蓉

蒙古十八年，郭靖和华筝没好上。

张家口见面一天，郭靖和黄蓉成了知己。梅林雪舟见第二面，就此定终生。从此关山万里，塞北江南，高山大川，再难分开了。

话说，为什么呢？

蒙古十八年，华筝与郭靖的交流方式是：

一起骑马射箭，看他练武功，招呼他去看射雕，帮着养白雕。

她喜欢郭靖，但最多也就是问郭靖：

你不要我嫁给都史，那我嫁给谁？

郭靖答不知道，华筝就啐他。

到郭靖要南下了，都已经许婚了，华筝还在等着郭靖跟她有什么交流，郭靖就跟对待妹子一样，抱了抱她，过去了。

原著里有个细节，足以解释郭靖与华筝无法在一起。

华筝则脾气极大，郭靖又不肯处处迁就顺让，尽管常在一起玩耍，却动不动便要吵架，虽然一会儿便言归于好，总是不甚相投。

跑个题。

史册载，元朝有个公主叫豁真别乞，或者火阿真伯姬，火臣别吉。

别乞或伯姬，都是公主的意思。

读读她的名字，豁真，火阿真……是不是读出点什么了？

是的。就是《射雕英雄传》里的华筝公主。

且说黄蓉。

张家口，郭靖与黄蓉的交流方式是：

初见，郭靖请黄蓉吃饭。

黄蓉点菜点得花样百出五彩缤纷。郭靖服了。

黄蓉聊天高谈阔论让郭靖大为倾倒。郭靖服了。

郭靖聊自己那些事，黄蓉听得津津有味。

不一会，果子蜜饯等物逐一送上桌来，郭靖每样一尝，件件都是从未吃过的美味。

那少年高谈阔论，说的都是南方的风物人情，郭

> 靖听他谈吐隽雅，见识渊博，不禁大为倾倒。
>
> …………
>
> 郭靖受过师父嘱咐，不能泄露自己身分，只说些弹兔、射雕、驰马、捕狼等诸般趣事。那少年听得津津有味，听郭靖说到得意处不觉拍手大笑，神态甚是天真。
>
> …………
>
> 他本来口齿笨拙，不善言辞，通常总是给别人问到，才不得不答上几句，韩小莹常笑他颇有南希仁惜言如金之风，是四师父的入室子弟，可是这时竟说得滔滔不绝，把自己诸般蠢举傻事，除了学武及与铁木真有关的之外，竟一古脑儿的都说了出来。

那时，黄蓉与郭靖已成知己。到最后，一锤定音的，是黄蓉这么出场：

> 只见船尾一个女子持桨荡舟，长发披肩，全身白衣，头发上束了条金带，白雪一映，更是灿然生光。郭靖见这少女一身装束犹如仙女一般，不禁看得呆了。那船慢慢荡近，只见那女子方当韶龄，不过十五六岁年纪，肌肤胜雪，娇美无比，容色绝丽，不可逼视。

从此之后，改朝换代、天翻地覆、万里风沙，都改不了了。

许多人觉得黄蓉搞定郭靖的，是美貌。

殊不知美貌并非关键——在见到黄蓉的美貌之前，郭靖已经放她不下了。

黄蓉所知所学，远在郭靖之上，但并不以此轻看郭靖。

对郭靖的一切，她从头到尾接受。甚至郭靖的傻，她都很喜欢。

全书她对郭靖所有的“傻哥哥”，都是爱称。

都说黄蓉刁蛮，但全书从头到尾，她何曾对郭靖发过什么脾气？只有一次，情绪激动后，骂过郭靖一次“傻瓜”，然后：

> 黄蓉拉起郭靖衣襟擦了擦眼泪，笑道：“靖哥哥，是我不好，下次我一定不骂你啦。”
>
> 郭靖道：“我本来是傻瓜，你说说有甚么相干？”
>
> 黄蓉道：“唉，你是好人，我是坏姑娘。”

都说黄蓉挑郭靖，是仙女配傻小子。却漏了另一件事：黄蓉，一个单亲家庭的孩子，又太聪明了，并不需要另一个不如她聪明的小聪明——所以对杨过，她一直有些忌惮。

天下也再没人在机变聪慧上，胜过她爹了。她接触的人们，或惧怕她是个小妖女，或垂涎她的美色。只有郭靖从一开始就大智若愚地，判定“蓉儿是个好姑娘，很好很好的，很好很好的”。

她要的是踏实、真诚和善良，所以她跟了郭靖，是轻灵随厚重、风随树、水随土。

黄蓉在意的，是郭靖的憨、朴实和韧。质朴纯正这种东西，都是聪明人才懂得欣赏的。

小聪明一点的人，只会觉得郭靖这种人好欺负。

黄蓉后来，也错会过一次意。

> 黄蓉伤心欲绝，隔了半晌，走上几步，细细打量华筝，见她身子健壮，剑眉大眼，满脸英气，不由得叹了口长气，道："靖哥哥，我懂啦，她和你是一路人。你们俩是大漠上的一对白雕，我只是江南柳枝底下的一只燕儿罢啦。"
>
> 郭靖走上几步，握住她双手，说道："蓉儿，我不知道你说得对不对，我心中却只有你，你是明白的。不管旁人说该是不该，就算把我身子烧成了飞灰，我心中仍是只有你。"黄蓉眼中含泪，道："那么为甚么你说要娶她？"
>
> 郭靖道："我是个蠢人，甚么事理都不明白。我只知道答允过的话，决不能反悔。可是我也不打诳，不管怎样，我心中只有你。"

黄蓉以为，只有真正相似的人才能在一起。她想错了。

郭靖爱的，不是“与他一样的人”，而是他真正爱的人。

穆念慈问过黄蓉：“妹子，你心中已有了郭世兄，将来就算遇到比他人品再好千倍万倍的人，也不能再移爱旁人，是不是？”

黄蓉的回答：“那自然，不过不会有比他更好的人。”

发自内心的爱与欣赏，天日可表。

这一点，郭靖未必多明白，但此后数十年，他都将感受到。

纵然郭靖不够聪明，也至少明白：

华筝——一个每天要跟你吵架，逼你迁就顺从，其他方面很假小子的女孩子。

黄蓉——一个明明才华远在你之上，给你推开一扇新世界大门的女孩子，还美若天仙，还对你的各类蠢举傻事听得津津有味真心欣赏；别人说你傻，她却欣赏你的坦诚憨直。

换了任何人是郭靖，情感所向是谁，都很易猜测了。

白发如新，倾盖如故。这话在爱情上也适用，所以一天也许抵过十年。无他，彼此全心地欣赏与包容罢了。

杨过对郭靖，怀有怎样的感情

杨过很爱郭靖，很希望郭靖就是他的父亲。

杨过又几乎有点恨郭靖，不是他的父亲。

这感情听来稍微有些别扭，然而正反相成。

于是，杨过一直想用某种方式，来对抗“郭伯伯不是我父亲”的遗憾。

同时，骨子里又很希望能得到郭靖的认同。

在襄阳城头，杨过曾面对这么个问题：

> 眼望着城下的惨烈厮杀，心中的念头却只是绕着这个难解之谜打转：“他和我爹爹义结金兰，交情自不寻常，但终于下手害他，难道我爹爹真是个十恶不赦的坏人么？”
>
> 他自小想象父亲仁侠慷慨，英俊勇武，乃是天下

一等一的好男儿，突然要他承认父亲是个坏人，实是万万不能。

可是在他内心深处，早已隐约觉得父亲远远不及郭伯伯，只是以前每当甫动此念，立即强自压抑，此刻却不由得他不想此节了。

他一直隐隐觉得，郭靖远胜自己的父亲，甚至，他为此觉得自己父亲可能是个人渣。

但他又不能直接接受这个设定，所以很痛苦。

这重心魔，是直到最后柯镇恶跟他讲了当年之事，才勘破的。

打个比方。

你喜欢一个人，但他（她）不是你的伴侣。

于是你一方面说服自己“他（她）也不是那么好”。

一方面，总想表现点什么给他（她）看。

杨过对郭靖便是如此。

他从一开始就讨厌全真教，对他们态度不恭，是因为郭靖在他面前打败过全真教。他不相信郭靖跟他说的全真教玄门正宗，他怀疑过，郭伯伯怎么把自己扔在这个武功低微的所在，是看不起自己吗?

杨过一直需要的是母爱（母亲早死）和父爱（没见过父亲）。

所以他对孙婆婆和郭靖的敬爱，铭心刻骨。

杨过有两种执念。

其一，“世人不爱我，我何必爱世人”，来让自己的一些行为正当化。这种时候，他就想不管蒙古人怎么屠杀汉人，去害郭靖了。

其二，当看到郭靖舍己为他时，他就热血上涌，宁可自己去代替郭靖而死，金轮法王都笑他反复无常。

其实金轮法王不懂。哪里反复了？这只是杨过在“没有人爱我，我不高兴”到“郭伯伯爱我，我要为他而死”之间转换罢了。

杨过在小说里，成年之后，仅有一次哭出来，却不是为了小龙女的，是与黄蓉对话的这个情景：

“我不传你武功，本意是为你好，哪知反累你吃了许多苦头。你郭伯伯爱我惜我，这份恩情，我自然要尽力报答，他对你有个极大的心愿，望你将来成为一个顶天立地的好男儿。我定当尽力助你学好，以成全他的心愿。过儿，你也千万别让他灰心，好不好？”

杨过从未听黄蓉如此温柔诚恳地对自己说话，只见她眼中充满着怜爱之情，不由得大是感动，胸口热血上涌，不禁哇的一声，哭了出来。

这一瞬间，他应该是有种得到父爱和母爱照耀之感了。

十六年后，杨过为郭襄做那些事、送那些礼物时，并没爱上这小姑娘。

某种程度上，他要当神雕大侠去行侠仗义，去做三件大事，给郭襄过生日，是给郭靖看的——郭襄甚至不明白那些礼物，什么蒙古兵耳朵的意义——郭靖是明白的。

结果便是，看结局。当杨过来帮忙解了襄阳之围后：

> 郭靖携着杨过之手，拿起百姓呈上来的一杯美酒，转敬杨过，说道：“过儿，你今日立此大功，天下扬名固不待言，合城军民，无不重感恩德。”
>
> 杨过心中感动，有一句话藏在心中二十余年始终未说，这时再也忍不住了，朗声说道：“郭伯伯，小侄幼时若非蒙你抚养教诲，焉能得有今日？”

二十余年，比他等小龙女的时间还长。

为什么这句话要压二十年才说呢？

之前说不行吗？

杨过拼了这些年，其实内心的希望，便是能在取得个成绩后，堂堂正正对郭靖说这么一句话。

有没有一点像儿子女儿发了第一笔工资，给爸妈买了件好东西时的成就感？

有没有一点像孩子，从小对父亲又爱又敬畏，一直追赶着他的步伐，有了出息后，终于可以挺直腰杆，对爸爸说：

“爸爸，我长大了！”

——这就是杨过对郭靖的感情。

塞上牛羊空许约

那年，萧峰三十一岁。从一个意气风发的丐帮帮主，遭遇了丐帮内叛，身世被揭，父母（至少是他认为的）惨死，师父过世，被指认为杀父母和师父的凶手，被指认为契丹人，失去了自己的地位、身份甚至名字，错手打死阿朱，失去了一切后，又误伤阿紫。终于只能带着阿紫来到茫茫关外雪野。终于连吃的都没有了。

人生受苦受难至此，真是伊于胡底。

那天，他遇见了一条好汉。

那人双臂使力，将猛虎牢牢的钉在雪地之中。但听得喀喇喇一声响，他上身的兽皮衣服背上裂开一条大缝，露出光秃秃的背脊，肌肉虬结，甚是雄伟。萧峰看了，暗赞一声："好汉子！"

他们俩语言不通，但居然还说得上话。从被丐帮内叛之后，整整十二回书，这是第一个跟他大笑着说话的男人。

那猎人提起铁叉，哈哈大笑，转过身来，向萧峰双手大拇指一翘，说了几句话。萧峰虽不懂他的言语，但瞧这神情，知道他是称赞自己英雄了得，于是学着他样，也是双手大拇指一翘，说道："英雄，英雄！"

那人大喜，指指自己鼻尖，说道："完颜阿骨打！"萧峰料想这是他的姓名，便也指指自己的鼻尖，道："萧峰！"那人道："萧峰？契丹？"萧峰点点头，道："契丹！你？"伸手指着他询问，那人道："完颜阿骨打！女真！"

于是他和阿紫跟着阿骨打，去了女真部族住下，打猎，喝酒。阿骨打对他除了敬爱，什么感情都不剩了。

阿骨打见他空手撕烂虎身，如撕熟鸡，这等手劲实是见所未见，闻所未闻，呆呆的瞧着他一双手，看了半晌，伸出手掌去轻轻抚摸他手腕手臂，满脸敬仰之色。

…………

阿骨打让出自己的帐幕给萧峰和阿紫居住。萧峰推谢了几句，阿骨打执意不肯。萧峰见对方意诚，也就住了进去。

后来，他与阿骨打一起出猎，捉了辽国皇帝耶律洪基。耶律洪基许诺了黄金五百两、白银五千两、骏马三百匹的赎金。萧峰喜爱他豪迈，放他走了，回程的路上，再次遇见了阿骨打。阿骨打对萧峰放走了天大的赎金，并不在意，还深为赞叹，是所谓知己。

萧峰掉转马头回来，只见阿骨打率领了十余名族人前来迎接，原来阿骨打见萧峰久去不归，深恐中了那红袍人的诡计，放心不下，前来接应。萧峰说起已释放他回辽。阿骨打也是个大有见识的英雄，对萧峰的轻财重义，豁达大度，深为赞叹。

后来，到萧峰陷于绝境时，出现了以下故事。

一名高大的猎人站在马背之上，大声呼叫："萧大哥，萧大哥，完颜阿骨打帮你打架来了！"

萧峰纵骑而出，两人四手相握。阿骨打喜道："萧大哥，那日你不别而行，兄弟每日记挂，后来听探子说你在辽国做了大官，倒也罢了，但想辽人奸猾，你这官只怕做不长久。果然日前探子报道，你被那狗娘养的皇帝关在牢里，兄弟急忙带人来救，幸好哥哥没死没伤，兄弟甚是欢喜。”萧峰道：“多谢兄弟搭救！”一言未毕，城头上弩箭纷纷箭将下来，两人距离城墙尚远，弩箭射他们不着。

阿骨打怒喝：“契丹狗子，我自和哥哥说话，却来打扰！”

拉开长弓，嗤嗤嗤三箭，自城下射了上去，只听得三声惨呼，三名辽兵中箭，自城头翻将下来。辽兵射他不到，他的强弓硬弩却能及远，三发三中，城头上众辽兵齐声发喊，纷纷收弦，竖起盾牌。但听得城中鼓声冬冬，辽军又在聚兵点将。

阿骨打大声道：“众儿郎听者，契丹狗子又要钻出狗洞来啦，咱们再来杀一个痛快。”女真人大声鼓噪，有若万兽齐吼。

萧峰心想这一仗若是打上了，双方死伤必重，忙道：“兄弟，你前来救我，此刻我已脱险，何必再和人厮打？你我多时不见，且到个安静所在，兄弟们饮个大醉。”完颜阿骨打道：“也说得是，咱们走罢！”

却见城门大开，一队铁甲辽兵骑马急冲出来。阿骨打骂道：“杀不完的契丹狗子！”弯弓搭箭，一箭飕的射出，正中当先那人脸孔，登时撞倒下马。其余女真人也纷纷放箭，都是射向辽兵脸面，这些人箭法既精，箭头上又喂了剧毒，中者哼也没哼一声，立时便即毙命。片刻间城门口倒毙了数百人，人马甲胄，堆成个小丘，将城门堵塞住了。其余辽兵只吓得心胆俱裂，紧闭城门，再也不敢出来。

完颜阿骨打率领族人，在城下耀武扬威，高声叫骂。萧峰道："兄弟，咱们去罢！"阿骨打道："是！"戟指城头，高声说道："契丹狗子听了，幸好你们没伤到我萧大哥的一根寒毛，今日便饶了你们性命。否则我把城墙拆了，将你们契丹狗子一个个都射死了！"

当下与萧峰并骑向西，驰出十余里，到了一个山丘之上。

阿骨打跳下了马，从马旁取下皮袋，递给萧峰，道："哥哥，喝酒。"萧峰接了过来，骨嘟嘟的喝了半袋，还给阿骨打。阿骨打将余下的半袋都喝了，说道："哥哥，不如便和兄弟共去长白山边，打猎喝酒，逍遥快活。"

萧峰深知耶律洪基的性情，他今日在南京城下被完颜阿骨打打败，又给他狠狠的辱骂了一番，大失颜面，定然不肯就此罢休，非提兵再来相斗不可。女真人虽然勇悍，究竟人少，胜败实未可料，终究以避战为上，须得帮他们出些主意，又想起在长白山下的那段日子，除了替阿紫治伤外，再无他虑，更没争名争利之事，此后在女真部中安身，倒也免却了无数烦恼，便道："兄弟，这些中原来的英雄豪杰，都是为救我而来，我将他们送到雁门关后，再来和兄弟相聚。"

阿骨打大喜，说道："中原蛮子罗里罗唆，多半不是好人，我也不愿和他们相见。"说着率领着族人，向北而去。

那日萧峰是不告而别，阿骨打并不以为忤，依然记挂不舍。

萧峰成了南院大王，阿骨打并没来贪慕富贵依附，不求同享福。

倒是萧峰遭了难，阿骨打带着女真族，直扑契丹巢穴，前来舍生忘死地拼命。

萧峰自己也承认，在女真部中过得很是快乐；他也觉得此后在女真中安身，免却无数烦恼。于是也答应了，送完中原豪杰，再来和阿骨打相聚。阿骨打大喜，走了。

如果萧峰真能回来，和阿骨打一起纵马打猎，饮酒吃肉，何其快活？

后来的事，我们都知道了：

萧峰折箭断誓，然后自尽在了雁门关。

完颜阿骨打在雪山里一定也等了很久，才知道萧大哥不来了吧？

按《天龙八部》，萧峰之死，是在宋朝高太后逝世那年。那是公元 1093 年。完颜阿骨打那年，二十六岁。

后来又过去了许多年。

辽国天庆三年（1113 年）十月，完颜阿骨打继位女真各部落联盟长，称都勃极烈。那时候，他四十六岁，距离萧峰死去二十年。

天庆四年，阿骨打四十七岁，起兵叛辽，破宁江州。

天庆五年农历正月初一（1115 年 1 月 28 日），阿骨打在会宁称帝，建立大金，年号收国，改名完颜旻。

天庆五年九月，攻占黄龙府城。

天辅三年（1119 年），辽天祚帝册封阿骨打为东怀国皇帝。阿骨打根本不接受册封，继续攻打辽国。

天辅四年（1120 年），阿骨打与宋朝订攻辽计划，攻陷辽上京临潢府。

天辅六年（1122 年），取辽中京；是年年底，攻陷燕京。

天辅七年（1123 年）八月，阿骨打返金上京途中病逝，五十六岁。他等于是在攻打辽国的归途中死去的。这一生，尽在与辽国为敌。

中国人都知道燕云十六州。北宋与辽国对抗，就是对此咬牙切齿。

很奇妙的是：完颜阿骨打愿意把燕云归还宋朝。当宋以“海上之盟”求燕京及西京地，金国大臣左企弓曾劝阿骨打不要归还“燕云十六州”，但阿骨打还是如约归还了“燕云十六州”中的燕京、涿州、易州、檀州、顺州、景州、蓟州。

阿骨打痛恨辽，但对宋相当和善，在建国之初就有意与宋联合，和后来诸代金朝帝王对宋朝充满敌对大不相同。

《靖康稗史笺证》中记录，其二子完颜宗望曾说过：“太祖止我伐宋，言犹在耳。”他就是不许儿子们伐宋，直到他死。

虽然金国后来灭亡北宋，极尽残虐，但终完颜阿骨打自己的一生，他对北宋出了奇的友好；只是一意孤行地攻打辽国，甚至在这途中死去。

他为什么不许宗望伐宋？为什么一心要灭辽国？

“哥哥，不如便和兄弟共去长白山边，打猎喝酒，逍遥快活。”

“兄弟，这些中原来的英雄豪杰，都是为救我而来，我将他们送到雁门关后，再来和兄弟相聚。”

因为上面这个约定没能实践，一个国家（大金）崛起了，一个国家（辽）衰亡了。

传奇里倾国倾城的人，也不过如此。

金庸有一句现成的句子说这个：

“塞上牛羊空许约。”

岳灵珊与林平之

通常说法，令狐冲去思过崖待着，于是岳灵珊空窗期，爱上了林平之。

但这里有个问题。华山上又不止林平之一个男生，为什么令狐冲一不在，岳灵珊就变了呢？为什么非得是林平之，而不是陆大有或者梁发或者其他呢？——便不提劳德诺了。

缘由之一，是林平之的“师弟”身份——一个寻求庇护的少年。

当初林平之惹祸上身，是因为岳灵珊乔装后被余沧海的儿子调戏，林平之出手阻止。于是给岳灵珊留下了如此印象：

这小子虽武功不济，还有些笨，但心地善良呢……

所以后来，岳灵珊也与劳德诺一起出手，救过林平之。

然后林平之入门，成了她唯一的小师弟。

在此前的漫长岁月里，岳灵珊一直是所有人的小师妹。忽然之间，有一个比她弱小，比她可怜，某种情况下还被她欺骗过的男孩子，成了她的师弟。

于是在岳灵珊心中，林平之集中了：善良、受害者、幼小这些属性。

她对林平之于是有了亲近、帮助、照拂之情——以及，一点点内疚？

女孩子的母性一旦发作，可了不得呢。

直到最后，岳灵珊一直是一个“关怀着林平之”的角色，而很少仰望他。

更重要的一点——

先前，岳灵珊和令狐冲情窦初开，玩闹创冲灵剑法，是半公开的情侣。

但女孩子的感情，大多有这么个成熟过程：

初恋大多会喜欢一个潇洒型的，但最初的情愫过后，会觉得今是而昨非，愿意找一个和初恋相反的爱侣。

令狐冲虽然风流潇洒，但来往不羁；所以他在思过崖期间，岳灵珊就和一个与令狐冲截然相反的青年慢慢好上了。

更进一步：

林平之在最终暴露本性前，曾被评价为“和岳掌门很像”“好一个小君子剑”。

的确，他和岳不群一样长身玉立、容貌清俊、待人接物温雅。

女孩子在开始恋爱时，会下意识找一个与父亲相反的形象，来摆脱父母对她的控制。这里有一点逆反心理在。

但之后，又常会逆回来，找一个和父亲性格相似的、稳重的人，以托付终身——这样的例子相当的多。

对岳灵珊来说，令狐冲是第一个恋人，与岳不群全然相反，代表着青春与不羁；当他逐渐淡出，而岳灵珊自己逐渐成长后，林平之就是一个理性的形象，有点像她的父亲，代表着成长、责任感，还能让自己发挥一点母性关爱。

东方不败与任我行

世上有两个东方不败，有两个任我行。

十几年前，任我行在权力高峰，东方不败是他手下一员大将。那时节，东方不败权力不及，武功不及，而能够缓缓更迭人手，安排政变，最后一举成功，实在神妙，连任我行在少林寺，都承认佩服他。

而那时的任我行，已经迟钝到连任盈盈都不如。看这段。

向问天道："教主别说小姐是小孩子。她聪明伶俐，心思之巧，实不输于大人。那一年小姐是七岁罢？她在席上点点人数，忽然问你：'爹爹，怎么咱们每年端午节喝酒，一年总是少一个人？'你一怔，问道：'甚么一年少一个人？'小姐说道：'我记得去年有十一个人，前年有十二个。今年一、二、三、四、五……咱们只剩下了十个。'"

十几年前在位的任我行，远不如十几年前图谋篡位的东方不败。

十几年后，任我行从西湖牢底出来，励精图治，聚集旧人，笼络令狐冲，带同向问天，暗通童百熊，解决上官云，突袭杨莲亭，最后围击东方不败。那时节，虽然任我行武功远不如东方不败，但政治头脑大有胜过。从成功复辟的结果来看，十几年后图谋复辟的任我行，要胜过十几年后在位的东方不败。

实际上，金庸的意思很明显了。

令狐冲这时已退到殿口，与教主的座位相距已遥，灯光又暗，远远望去，任我行的容貌已颇为朦胧，心下忽想："坐在这位子上的，是任我行还是东方不败，却有甚么分别？"

没错啊，事实就是：谁站上权力的宝座，谁就会被腐蚀变弱。这才是金庸《笑傲江湖》真正的主题。

张无忌：完美领导人

张无忌在明教教主执任期间，堪称合格完美的领导人。

排难解纷当六强，不仅击退六大派保护了光明顶，而且树立了自己的威信。

他的存在，使明教长期的内乱消弭。所谓政治，能让派系消失，万众一心，就是大成功。

依靠万安寺救出六大派，驰援武当解危难，让明教和六大派的矛盾化解大半。

在蝴蝶谷誓师起义，发动了反元浪潮。

针对成昆的阴谋，不断挫败之，并在少林寺屠狮大会后，一举融汇了武林各派和明教的力量。

将兵法《武穆遗书》交给徐达，培养了明教未来的军事统帅。

团结内部、巩固外交、结合各种势力，为明教的反元大业奠定基础，很完美。

庙号简直可以称为明高祖或者明文帝之类。

当然啦，也有争议，比如他并没有亲身上前线啦，比如杨逍、彭莹玉、朱元璋们负责了大多数的军事行动啦，等等。

这里就要说一下领袖的作用了。

太平天国起义，从永安突围到定都天京，实际操作领袖为杨秀清，洪秀全为虚君。

齐桓公称霸，实际操作为管仲，齐桓公自己寡人有疾。

中国秦汉时宰相制、唐三省六部，都是好制度，而其关键，恰恰在于君权不盛，相权颇重。

张无忌并没有亲自上阵搞大事情，事必躬亲。他只是起到一个团结人心、收罗外援的作用，这就很好了。具体操作，他很多交给了杨逍，这恰好是一个好领袖的特质：

不揽权，不独断，用人不疑。

最后，张无忌还做了好几件伟大的事：

小昭爱上了他，于是波斯明教就不跟中原明教掐了。

周芷若爱上了他，于是峨眉派最后和明教虽然小有波澜，终于还是和好了。

赵敏爱上了他，于是手握高手和大军、才智可以和王保保媲美的蒙古女枭雄，从此归顺了明教。要知道，王保保可是能和徐达媲美的名将。

身为教主，不但团结人心、用人不疑，团结了明教内部，笼络了武林各派，还使美男计，搞定了峨眉、波斯明教和蒙古第一女枭雄。而且在天下大定后，不等开国，就功成身退，深藏声名了。

这是何等的英明神武啊！！！

周芷若与赵敏，该原谅哪个呢？

如果张无忌能原谅赵敏，他凭什么不能原谅周芷若呢？

好，有两个女孩子，都很爱你。

一个，给你下迷药弄晕了你，赶走了她一个情敌，意图谋杀你的未婚妻，偷走了刀剑，蒙骗了你和你义父。

结果你在婚礼上抛弃了她。她决定与你为敌。她假装找了个人嫁了，在少林寺闹事杀了几个人，总之就是报复你。

最后，她跟你表白，还是爱你的。

那个情敌也还活着。你的未婚妻也还活着。她害的人都没死去。有犯罪动机，但结果还好。

所以你唯一的损失，从头到尾，就是被她欺骗过。

但她手上，到底没有人命。

于是你从头到尾，不计较了。

一个，先假意款待你，下毒，把你和你所有部下都毒一遍，你想法子解决了。

使迷药，把你的师叔师伯都抓走了，意图灭掉中原武林，砍掉了其中许多人的手指，被你想法子解决了。

差点毁了前一个女孩子的容。（请注意，若非张无忌掷出金盒，赵敏差点将周芷若毁容，及，周芷若的师父死在赵敏手里。）

把你的一个师叔全身骨骼捏碎。当你企图找药来救师叔时，她还在药里下毒，差点把师叔毒死了。

派人假传信息，谋害你的太师父，把他打到吐血重伤。

杀了一个对你很好的少林和尚。

然后呢，她爱你了，决定要一直跟你好。

于是从你婚宴上把你抢走，跟你出生入死。

因为她那么爱你，所以先前的一切阴谋诡计，你也不计较了。

这两个，哪个更严重些呢？

周芷若带给张无忌的损失，是偷了刀剑、害了赵敏和殷离。但结果是刀剑中的秘籍张无忌也得了，赵敏和殷离也都活着。

赵敏带给张无忌的损失，是杀了少林空性、打伤张三丰、弄碎殷梨亭的骨骼并用七虫七花膏差点害死张无忌的两位师叔、坑害了许多中原武林人士、间接逼死了灭绝师太、害明教所有人中毒险些丧命。结果当然是她爱上了张无忌，之前的都一笔勾销了。

从张无忌的角度出发，这俩姑娘造成的伤害差不多大。

所以他既能原谅赵敏，又有什么不能原谅其他人的呢？

但如果从中原群雄角度来看，周芷若只针对张无忌，没怎么坑害别人（宋青书在屠狮大会杀了人除外）。

赵敏却是踏踏实实地杀了少林空性、碎了殷梨亭的骨骼、断了无数人的手指、逼死了灭绝师太。

大家之所以觉得周芷若比赵敏更不能原谅，无非因为：

张无忌是主角，一切从他的角度出发，所以周芷若欺骗张无忌杀情敌是不对的，而赵敏虽然开始骗了张无忌许多次，但她后面真心诚意爱张无忌，就够啦！

周芷若没杀成的赵敏和殷离，都是她的罪过；而赵敏导致的空性、灭绝、殷梨亭们倒霉，张三丰百岁还要挨一掌吐血，大家就都遗忘了——因为赵敏爱张无忌嘛！